普天間基地移設と尖閣海底資源

海兵隊は
勝連沖人工島計画に
関心示す

金城宏幸

尖閣諸島海底資源と普天間基地代替案について

付録

位置図

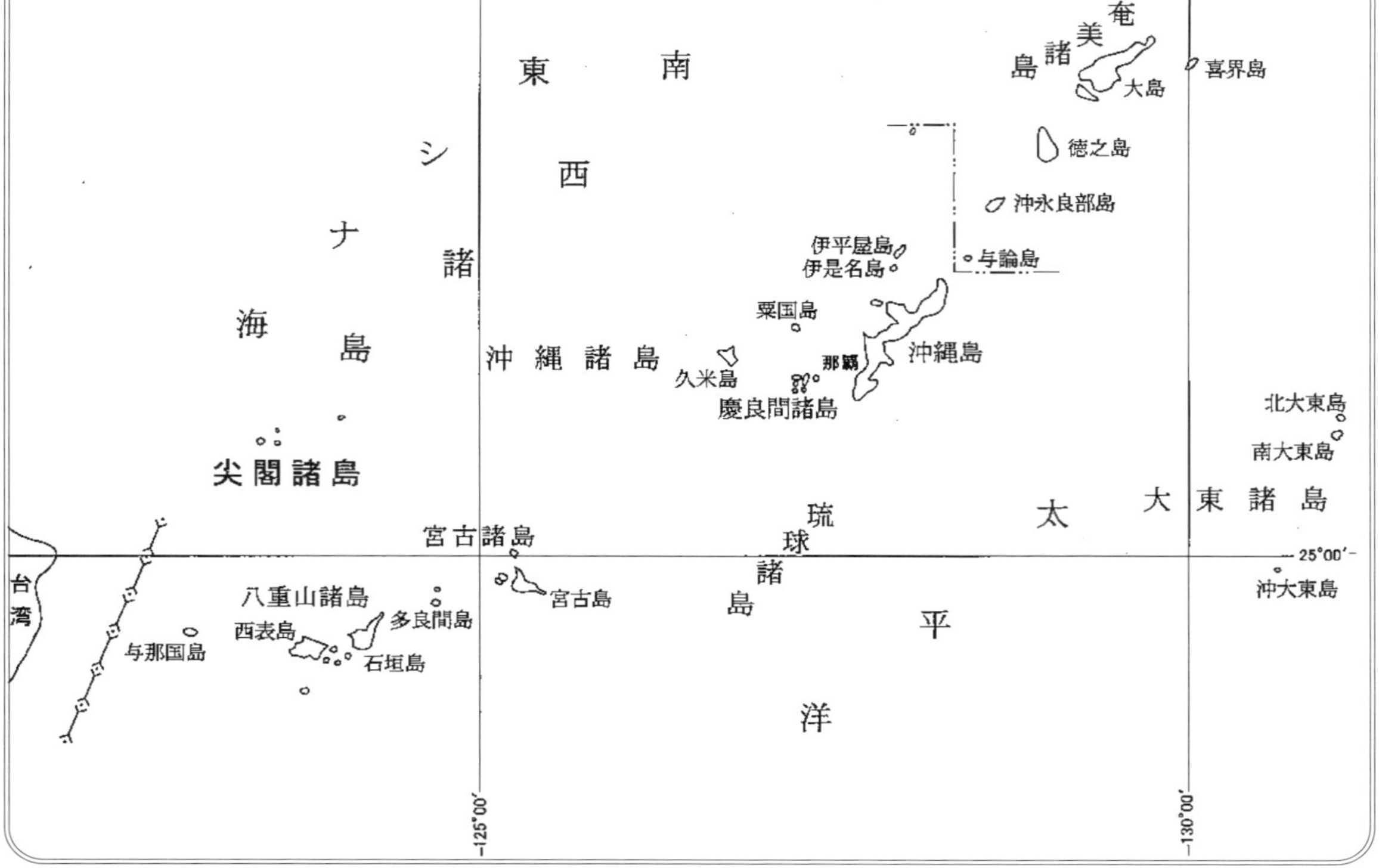

東シナ海
南西諸島
奄美諸島
大島
喜界島
徳之島
沖永良部島
与論島
伊平屋島
伊是名島
粟国島
沖縄諸島
久米島
那覇
沖縄島
慶良間諸島
尖閣諸島
宮古諸島
宮古島
八重山諸島
多良間島
西表島
石垣島
与那国島
台湾
琉球諸島
太平洋
大東諸島
北大東島
南大東島
沖大東島
125°00′
130°00′
25°00′

尖閣諸島海底資源と普天間基地代替案について

尖閣は沖縄県の財産

政府は実効支配姿勢示すべき

東シナ海における中国のガス田開発の全容が判明した。中国は日中中間線（日本の排他的経済水域＝ＥＥＺ）の内側まで鉱区を設定している（読売新聞二〇〇五年一月一日付）。開発を進める中国海洋石油総公司のホームページ上には、尖閣諸島に至近の四鉱区については公表されていない。

日本政府は中国政府に抗議したが、中国政府は意に介さないようだ。中国潜水艦の領海侵犯に対しても、抗議程度で事を収めた。

尖閣諸島問題に対する政府の態度は生ぬるい、と私は書いた（本紙〇四年五月六日付）。尖閣諸島・魚釣島沖で中国の海洋調査船「奮闘７号」（一五〇〇トン）が調査活動を続けているのを、第十一管区海上保安本部（那覇）の航空機が確認したのは、昨年五月七日のことである。その後も同調査船は同海域にとどまり、調査活動を続けた。日本政府は黙認した。

中国海軍の測量船「南調４１１」が昨年七月六日、沖ノ鳥島沖約二百キロの日本のＥＥＺ内で海洋調査を行っているのを、海上自衛隊のＰ３Ｃ哨戒機が確認している。北京の日本大使館が中国外務省に説明を求めたところ、中国外務省は「海軍から報告がないため分からない」と答えたという。中国は、沖ノ鳥島は島ではなく、EEZが設定できない岩だと主張している。

昨年、中国が日中中間線の中国側海域で「春暁ガス田群」開発に着手した時、英・オランダ系メジャー（国際石油資本）のロイヤル・ダッチ・シェルと米石油大手のユノカルが参加していることで話題になった。その後、二社は「商業上の理由」で開発事業から撤退した。日中間で政治問題化したため、日本に配慮して撤退したのではないかといわれた。

ところが、実際はそんなきれい事ではないようだ。報道によると、中国海洋石油総公司はユノカルを百三十億ドル（約一兆三千六百億円）で買収する計画を進めているという（読売新聞〇五年一月八日付）。知らぬは日本ばかりなり、である。ユノカルの持つ海洋資源情報はすべて中国に渡ってしまうのだ。同社が沖縄周辺海域の情報を持っていることは容易に想像できる。

平成の世は事もなし、と暢気《のんき》に構えている時ではないのだ。尖閣諸島に忍び寄る中国に、何の対策も講じることができないとすれば、尖閣諸島は韓国に占拠された竹島の二の舞いになることは想像に難くない。尖閣諸島は日本固有の領土である、と政府はたびたび言う。ならばなぜ、実効支配の姿勢を示せないのだ。中国の領有権主張に対し、国際司法裁判所に持ち出してでも決着しようとしないのだ。政府の言行は一致していない、と私は思う。

尖閣諸島は沖縄県の財産である。日本の財産である前に、沖縄県の財産である。県民百四十万人の財産である。政府は認識すべきだ。


（琉球新報　二〇〇五年一月二十七日）

混迷深める「普天間」問題

海兵隊移転先はアジアか

普天間移転問題は混迷の度を深めている。政府は辺野古への移転は既定方針通り進めるという。しかし、移設作業が難航しているため、ヘリ部隊を伊江島へ、給油部隊を九州へ移転させる方向で米政府と協議しているという。本土案、海外案の次は県内案と本土案の併用案である。

併用案を米軍が受け入れるか疑問である。実戦部隊と支援部隊を分離させる案は、理論としては成り立つだろう。しかし、軍事行動は理論の範囲を大きく超える。表裏一体の関係にあるべきものを、現場側に強制的に承諾させることは、米政府・国防総省でも困難だろう。軍事に関しては、現場サイドの意見が重視されるのが米国の伝統である。政府が考えるほど米軍は甘くない、と私は思う。

来日した米国務長官と外務大臣、防衛庁長官が会談し、沖縄の負担軽減を要請した。国務長官は、基地の整理・縮小は沖縄経済に大きな影響を及ぼすと発言した。この発言は波紋を呼んだ。基地問題に関する日米会談は、日本側は負担軽減を求め、米側は明確な回答を避ける。負担軽減という言葉だけがクローズアップされ、進展のないまま終わる。毎回同じことの繰り返しである。

米軍再編問題に沖縄側は期待しているようだが、情況は必ずしも思わしくない。ブッシュ政権の安全保障政策にかかわった専門家は、基地の整理・縮小、兵力削減にはおおむね否定的である。米側は朝鮮半島情勢、中国と台湾の緊張関係を理由に挙げる。両地域の情勢は、日本の安全保障に大きく影響する。在沖米軍の再編は考えられない、と彼らは言う。

北朝鮮問題は六カ国協議に委ねられている。協議継続中は、北朝鮮指導部が軍事行動を起こすことはないだろう。朝鮮半島情勢は小康状態を保っているといえるだろう。

中国と台湾の関係は複雑だ。経済は一体化が定着しているが、政治は対立状態が続いている。中国は、台湾に反中的動きがあると武力行使をちらつかせる。しかし、それは台湾へのけん制であって、実際に軍事行動にでることはない。中国と台湾はそのような関係にある。

近ごろの日本と中国は微妙な関係にある。中国が東シナ海の天然ガス開発に着手してから、両国関係に亀裂が生じた。日本が設定した日中中間線の自国側海域で採掘を続ける中国と、それにより日本側海域の資源が中国に吸い取られるのではないかと疑う日本との間で、もめ事が生じている。小泉純一郎首相の靖国参拝問題、歴史教科書問題など、日本にとって難問山積である。

在沖米海兵隊の移転先は日本国内ではなく、海外だと思う。米本土や米領ではないだろう。南シナ海に臨む地域ではないかと思う。同地域は米軍駐留の空白地だからである。南シナ海に臨む地域は、米軍が中近東へ展開する場合の最適の地だからである。

（沖縄タイムス　二〇〇五年五月五日）

東シナ海ガス田開発に参加を

官民共有の事業会社設立へ

中国が進めている東シナ海の天然ガス田開発問題で、政府は、中国が提案している共同開発に応じる方針を固めたと報道された。政府は中国に対し、開発の中止とデータの提供を求めてきた。中国が応じる様子はなく、行き詰まりの状態が続いている。このままの状態が続くと、中国の開発区域が拡大する恐れがあるので、中国の提案に応じることで事態の打開を図ることが狙いではないかといわれる。

昨年、政府は三十億円の費用をかけて調査船を派遣した。当初調査は年内に終了すると発表された。その後今年の春ごろまで続くと発表された。調査は終了したのか継続中なのか、政府の発表はない。マスコミも報道しない。現況を知りたいものだ。政府は、中国との摩擦の原因になっている尖閣諸島の領有権問題を棚上げし、海底資源開発で中国との関係改善を図ろうとしているのではないだろうか。共同開発へ方針変更した理由が分からない。唐突すぎるのだ。

日中両国政府が共同開発で合意した場合、日中中間線の日本側海域全体に試掘の申請をしている本土の大手石油関連企業にメリットがある。先に申請しているもの（個人、法人の区別なく）に、試掘権が付与されるからである。それ故、先に願い出たものが申請を取り下げない限り、沖縄県の企業が参入する余地はないということだ。本土企業がメリットを独占することになるわけだ。沖縄本島、先島諸島周辺の広大な海域に試掘権の申請をしている最大手企業は、帝国石油である。尖閣諸島周辺海域には、うるま石油開発、芙蓉石油開発、独立行政法人石油天然ガス・金属鉱物資源機構（旧石油資源公団）などの法人が試掘の申請をしている（試掘権の申請はしていない）。沖縄本島東方海域には、新西日本石油が試掘の申請をしている。いずれも日本の代表的石油関連企業である。

沖縄県の収入の大半は政府に頼る。補助金頼りの財政状態を改善するには、県の事業収入を増やすことだ。大企業を何百社誘致しても、彼らが納める法人税は県の収入にはならない。県の収入になる事業税その他の地方税は微々たるもので、県の財政を潤すには十分ではない。県外企業の誘致は、期待するほどのメリットはないと私は思う。

沖縄県が直接参加できる唯一の事業は、東シナ海の油田開発事業だ。県がその気になれば難しいことではない。まず開発会社を設立する。県民一人当たり千円を出資してもらえば、百三十六万人×千円で資本金十三億円の法人ができる。同額を県が出資する。さらに県内の自治体が出資すれば、官民共有の東シナ海油田事業会社が出来上がる。全県民が株主の、日本で唯一の法人である。

県民の利益になるこの事業を、県・県民が一体となって取り組めば必ず成功すると私は思う。

（琉球新報　二〇〇五年六月十日）

対立から協調の時代へ

アジアの平和と安定のために

米軍再編問題で米政府高官、元政府高官、調査研究機関の関係者がそれぞれの立場で発言している。表現に濃淡はあっても、在沖米軍の兵力削減には否定的である。クリントン政権時代に、安全保障政策にかかわった元高官も、普天間基地は県外移転から継続使用へと軌道修正している。在日米軍再編での沖縄駐留米軍の兵力削減には、期待が持てそうにない。

落胆することはない。予想されたことである。米政府にすれば、日本政府が沖縄の負担軽減を求めるなら普天間移転先を決めてからにしてもらいたい、と言いたいのだろう。県内移設は行き詰まり、国内移転も地元自治体の反対で望み薄、海外は引き受け手なし。政府に解決策はなく、二転三転するうちに、時はどんどん過ぎていく。米軍再編という言葉だけが独り歩きし、普天間は動かず、県民はいら立つ。それが、基地問題の現実なのである。

在欧米軍の再編が成ったからといって、アジアでもそれが可能だというのではない。ヨーロッパとでは事情が違い過ぎるのだ。アジアには韓国と北朝鮮、中国と台湾という複雑な関係が存在する。朝鮮半島および台湾海峡有事に備えるという理由付けで、米軍は日本に駐留しているのだ。在欧米軍とは駐留の意味が違うのである。

在日米軍再編による本土基地の整理・統合、基地機能の一部国外移転については、日米間で合意されていることだろう。しかし、在沖米軍再編については、まだ煮詰まっていないのではないかと思う。新聞報道で知る限り、私はそう感じる。

米軍基地の整理・統合、海兵隊の海外移転（国内移転は不可能だろう）を可能にする状況をつくり出せる国はどこかということだ。韓国と北朝鮮、中国と台湾問題の平和的解決に中心的役割を果たせる国はどこかということだ。それは、中国だろう。

中国は、北朝鮮の核問題を協議する「六カ国協議」の議長国である。北朝鮮に影響力を持つ国である。北朝鮮の核開発には否定的な国である。自国は、米国が想定する「台湾海峡有事」の当事国であるが、米中対決につながる台湾侵攻は行わないだろう。武力による国家の統一は成功しない。そのことを、中国が知らないはずがない。台湾との平和的統一に向けて動き始めているのだ。四月、台湾の最大野党・国民党の連戦主席が訪中し、中国共産党総書記胡錦濤国家主席と会談した。国共トップ会談は一九四五年の毛沢東と蒋介石の重慶会談以来、六十年ぶりだという。将来の国共合作の布石ではないかといわれている。

アジアは変わる。対立から協調へ、時代は変わる。日本はアジアの平和と安定のため、日米中三国による相互援助体制を構築するべく平和外交を強力に推進すべきだ。その結果次第で在沖米軍の兵力削減が可能になるだろう。

（沖縄タイムス　二〇〇五年六月十四日）

「郵政民営化」どう審判

将来を左右する総選挙

小泉純一郎首相は有権者を甘く見てはいないか。内閣支持率が高いことを理由に、総選挙でも勝てると思っているらしい。小泉首相の自己過信が的中するか、有権者が良識ある判断を下すか、九月十一日が待たれる。

今回の解散・総選挙は何とも不可思議だ。参議院で郵政民営化関連法案が否決されたのを理由に、衆議院を解散してしまった。衆議院でドタバタ劇を演じ、参議院でもまたしかり。自民党は国民の前に醜態をさらけ出した。それでも勝てると、小泉首相は自信満々である。永田町の常識と世間の常識は違うようだ。

さて、郵政事業民営化のことである。国民は本当にそれを望んでいるだろうか。全国紙の世論調査によると、この問題への関心は低い。今の制度を営利事業化する理由がよく分からない。それが大多数の意見である。郵政事業の民営化による影響は、都市では少ないだろう。郵便局が廃止されても、その業務を代行する宅配業者がいる。預貯金、生保は金融機関や保険会社が役割を果たす。何も不便を感じない。都市にはその利点がある。地方はどうか。離島、山村では郵便局廃止の影響は大きい。日常生活の利便性が狭まるからである。農協の例がそれを示している。

農協は一県一農協に統合された。地方の農協は県中央に統合され、事業所は廃止された。遠くの支所まで行かなければ、用は足せない。非常に不便になった。

郵政民営化関連法案の影響で、国民生活に影響するほかの重要法案の多くが成立せず、次期国会へ持ち越された。いわゆる継続審議である。

昨年、国会議員の年金未納が社会的に大きな問題になった。重要閣僚が辞任し、野党党首に内定していた大物議員は就任を辞退した。国会議員の大多数が未納だった。未納の国民は数百万人いるといわれる。国民年金は、二年間に限って未納が認められている。納期限が過ぎた分については、納付できない。期限を延長し、納付を促進するための法案が国民年金法改正案である。この法案も継続審議になった。労働安全衛生法等改正案も継続審議になった。政府提出七法案、議員立法三法案が未成立に終わった。

国有企業を民営化し成功した例として、旧日本国有鉄道が挙げられる。二十兆円以上の負債を抱え経営に苦しんでいた国鉄は、中曽根内閣時代に民営化された。経営形態は違うが日本電電公社、日本専売公社なども民営化されて成功したといえるだろう。

今度の総選挙は、郵政民営化問題が争点になるだろう。自公勢力が勝つか非自公勢力が勝つかによって、小泉内閣の将来が決まる。報道各社の世論調査が有権者の投票行動に影響を及ぼすのかは分からない。日本の将来を左右する選挙であることは、間違いない。

（沖縄タイムス　二〇〇五年八月十七日）

米軍再編期待できない

日米中相互援助条約を提案

小泉内閣は、沖縄の基地過重負担を軽減するため最大限努力するという。歴代内閣も同じことを言ってきた。しかし今に至るまで何一つ解決していない。酷な言い方だが、日本政府では沖縄の米軍基地問題は解決できないのだ。

なぜか。日本は、米国と共同して安全保障上の責任を果たすことができない。その日本が相手国である米国に対し、基地の返還や米軍の撤退を求めると、米国は、誰が貴国の安全を保障するのですか、という答えを返す。その返事があると、そこで終わりである。政府が基地問題を解決できない「根の問題」がそこにある。

根本の問題を解決しない限り、在沖米軍基地問題は解決しない。解決するには、日本および米国と友邦関係にあるアジア諸国の安全保障政策の枠組みを変えるしかない。基地問題の解決策として、日米中相互援助体制の構築を、私は本紙上で提案した。日米と中国との関係が問題なのだ。三国が共同してアジア太平洋地域の平和と安定に責任を負う体制をつくれば「根の問題」は解決する。それができなければ、最終的解決には至らないだろう。私は、そう思う。

在日米軍は北東アジア安定化のためにいる、と米政府はいう。つまり北朝鮮の核問題が解決し、朝鮮半島が非核化されるまでは、現在の体制を維持していくということだろう。

北朝鮮問題解決の鍵を握るのは中国だ。六カ国協議の議長国として中国は、米朝両国の協定調印まで協議を続けるという。米朝間の駆け引きは今後も続くだろう。最終決着までには、相当の時間を要すると予想される。六カ国協議で北朝鮮の核問題が解決し、朝鮮半島非核化のプロセスが決まらない限り、在沖米軍基地の整理・縮小、海兵隊の国外移転は決まらない、と私は思う。いや、そうではない。北朝鮮問題とは関係なく日米両国の協議で決まるのだという意見があれば、ぜひ聞きたい。

私は本紙に再三再四、在沖米軍問題の解決は二〇一〇年以降になるだろうと書いている。その論拠は、〇八年の北京五輪、一〇年の上海万博が終了したあと、中国は主要国首脳会議（サミット）に参加するだろう。以後、中国はサミットメンバーの一員として、安全保障上の連帯責任を負うことになる。中国の脅威がなくなる時である。

政府は、米政府の米軍再編計画に期待するのではなく、日米中相互援助条約構想を米中両国に提案してはどうか。台湾問題をめぐる米国の中国への不信感、台湾独立を支持しているのではないかという、中国の米国への疑念は、この構想を実現することによって解決するだろう。対中関係悪化の原因になっている歴史教科書問題も、信頼関係を回復することによって、解決すると思う。


（琉球新報　二〇〇五年八月十八日）

日中関係の改善を望む

政府は言うべきこと言え

普天間飛行場の返還に、代替施設の建設を条件にするから解決が長引く。陸上であれ海上であれ、県内に新設すること自体、県民感情を無視している。宜野湾市街では悪い、名護市外なら良い、という問題ではない。在日米軍の75%が集中する沖縄の過重負担の軽減を、県民は求めているのだ。将棋盤の上で駒を動かすのとは、訳が違うのだ。

政府は常々、沖縄の負担軽減を言う。本土米軍基地への移転や、ヘリ部隊を伊江島へ、給油部隊を九州へと、話だけが飛び交った。結局、元に戻って県内新設で事を収めようとしている。

基地問題は代替施設建設では解決しない、と私は書いた（本紙二〇〇四年四月十四日付）。県内移設では、問題は解決しないのだ。県民は、普天間返還と併せて海兵隊の削減を問題にしているのだ。キャンプ・シュワブに併設する新案より、嘉手納基地への移駐案を再検討すべきだ、と私は思う。

現有部隊を全部残そうとするから、過密や騒音問題で紛糾する。兵力を削減すれば、障害は少ないだろう。海兵隊は緊急時に即時展開できる部隊を残し、その他の部隊は国外、グアムへ移転させるべきだ。緊急避難的解決策は、それ以外ない。

米国は、朝鮮半島非核化を外交的・軍事的最重要課題にしている。北の核問題が六カ国協議で決着すると、次は南北統一問題にテーマは移るだろう。南北両国と米国、中国の四者協議が始まるのではないか。それに日本が参加できるのかできないのか。彼らの日本に対する評価が示される。

日本はアジアでは大国だ。発展途上国には経済的支援を続けている。評判も悪くない。にもかかわらず評価は高くない。国連常任理事国入りの実現性も見えてこない。中国、韓国とは靖国、歴史教科書問題でもめている。拉致問題解決に米国、中国の支援がない。難問山積なのに政府に緊張感がない。待てば海路の日和あり、という心境か。

国際情勢は、刻々と変化する。ブッシュ米大統領と中国の胡錦濤国家主席が九月十四日、ニューヨークで会談した。ブッシュ大統領は十一月訪中する。大統領には経済界のリーダーたちが同行するだろう。彼らは数日間滞在し、主要都市を訪問するだろう。各地で大歓迎を受けるだろう。米国と中国は、さらに強いきずなで結ばれていくだろう。

日本と中国の首脳相互訪問が途絶えている。靖国や歴史問題がそれの障害になっているなら、徹底的に論議すればいい。言わなければ、分からない。不愉快な思いをさせてもいいから、言えばいいのだ。現在の日中関係を改善するには、言うべきことは言うことだ。「金持ちけんかせず」は古い時代の発想だ。日本が毅然《きぜん》とすれば、中国も容認するだろう。

（沖縄タイムス　二〇〇五年十月六日）

実現望めぬ「沿岸案」

海兵隊は人工島計画に関心

日米両政府が合意した、在日米軍再編に関する中間報告「日米同盟　未来のための変革と再編」の要旨を新聞で読んだ。それによると、普天間飛行場はキャンプ・シュワブ沿岸部に移設し、海兵隊員約七千人をグアムへ移転させるという。なお、基地移転目標時期や詳細は来年三月までにまとめる最終報告に明記する予定だという。

日米両政府の計画通りに事は運ぶだろうか。キャンプ・シュワブ沿岸部への代替施設建設にしても、先行きは不透明である。二転三転する政府に、沖縄側の不信感は募るばかりである。県知事、名護市長は容認できないと明言している。予定地に近い集落の代表も、反対を表明した。防衛庁・防衛施設庁の説得で彼らが翻意するとは思えない。辺野古沖の二の舞いになることは明らかだろう。なぜ、北部にこだわるのか。本島で最も自然環境に恵まれた地域であり、戦時中は中南部から避難して来た人々を温かく迎えてくれた心優しい人たちが住む地域である。ヤンバルは、古き良き時代が残る沖縄県人の故郷である。山を壊し、海を埋め立てて軍事基地を造る計画に、沖縄県人は賛成しないだろう。

辺野古の海は、普通の海ではないのだ。貴重な海洋資源が存在し、稀少生物が生息する世界的価値のある海である。人間が手をつけることなく、自然の状態に保つべきだ。

海浜部での空港建設に失敗した例がある。新石垣空港建設計画がそれである。白保海浜地区埋め立てによる同計画は、一九八二（昭和五十七）年三月に事業着手した。しかし、白保のさんご礁群の破壊につながる埋め立てに地元はもちろんのこと、自然保護団体も抵抗した。

同計画は八九（平成元）年四月、建設位置を陸上に変更した。二〇〇〇（平成十二）年四月に建設位置を別の場所に変え、〇四（平成十六）年三月、環境影響評価（アセスメント）の手続きを開始した。事業開始から二十二年、たつ。

日本の安全保障にかかわる重大な事案を、一地方自治体の長の決断に委ねること自体、政府・自民党、防衛庁・防衛施設庁の責任逃れだ。自治体の長に「苦渋の選択」と言わしめたことに、心痛まないのか。そんなことだから、米政府から不信感を買うのだ。政府は説得の材料に振興策を持ち出すだろう。一度目は政府の思惑通りになった。しかし、二度目はそうはいかない。アメも喜ばれるのは一度だけだ。

米海兵隊は、県内の建設業者が考案した勝連沖埋め立てによる人工島プランに関心を示しているという（本紙〇五年十月三日付）。普天間飛行場、那覇港湾施設、浦添補給地区をひとまとめ（パッケージ）にする壮大な計画だという。米側が関心を示すのはなぜか。「沿岸案」が実現しなかった場合の、最後の候補地として考えているからだろう。

（沖縄タイムス　二〇〇五年十一月八日）

あいまいな有事という言葉

県外基地移転協議タブーか

有事という言葉がたびたびマスコミに登場する。いかなる状況の場合を有事というかについては、はっきりしない。外国、あるいは国際テロ組織の攻撃によって国内が騒乱状態に陥った場合をいうのだと解釈されている。国際テロ組織とはもちろん、アルカイダのことだ。ところが、国となるとはっきりしない。日本周辺の国のことだろうが、どの国なのか、分からない。政府の説明もない。

数年前のことだが、北朝鮮が日本を標的にミサイル発射準備をしている、と週刊誌が書き立てた。テレビもミサイル発射実験の映像を流し続け、北朝鮮の怖さを訴えた。折しも北朝鮮船籍らしき不審船が日本海に出没している時だっただけに、報道は真実味を帯びていた。人々の話題にもなった。ところが、北朝鮮製ミサイルは性能、命中率が悪いと軍事専門家が論評するに及んでマスコミのミサイル騒動も終息した。人騒がせな北朝鮮騒動であった。

中国脅威論を説く人たちがいる。経済力を基に軍事力を強化していると力説する。いつか台湾へ侵攻するだろうと警告する。確かに中国経済の成長率は他国がうらやむほど高い。沿海部の上海、広東省には高層ビルが林立する。巨万の富を築いた青年実業家も増えている。経済大国へ向けて走りだしているのは確かだ。

しかし、内実は低賃金での生産による大量輸出で経済成長を続けているにすぎない。沿海部の大都市と経済発展から取り残された内陸部では、日本のマスコミが伝える以上に経済格差がある。表面だけを見て脅威論を説く人たちは、中国社会の裏面を知るべきだ。十三億の人口の50％以上がその日暮らしの生活をしているのだ。彼らの生活環境を改善しないと、中国社会は混乱する。中国脅威論は、木を見て森を見ないという例えのごとく、真実性に乏しいと、私は思う。

日本における有事とは、外国からの武力攻撃より地震、台風による自然災害のことだ。本土では毎日のごとく、人体に感じる（有感）地震が起きている。日本は世界でも有数の地震国である。近くは新潟地震、遠くは阪神・淡路大震災と、多数の犠牲者、被害者を出している。地震専門家は、将来関東地方に「関東大震災」級の地震が起きる可能性があると、警告している。

台風による山崩れで道路の決壊、家屋の損壊も毎年繰り返される。国、地方自治体は、対策に追われる。防災担当大臣は、被害地を視察する。国土交通省によれば、危険個所は全国に何百とあるという。台風による被害は、都市より地方に集中している。

日本政府が米政府に在沖米軍基地の県外移転を要請しないのは、有事問題との関連性があるからだと思う。日米同盟を外交の基軸にする日本政府としては、基地の県外移転を協議すること自体、タブーなのだろう。


（沖縄タイムス　二〇〇六年一月五日）

「普天間」返還を最優先

海兵隊、嘉手納と県外移転

普天間飛行場の代替施設建設問題は新たな局面を迎えた。辺野古沖案からキャンプ・シュワブ沿岸案へと建設地が変更されたからである。辺野古沖案のときもそうだが、今度の場合も地元との協議なしに政府が独断で決め、米政府の異論を抑える形で押し切った。日本側が地元対策に責任を持つというから同意した、と米側は語ったという。

基地建設は大型公共工事とはわけが違う。橋を架けるとか道路を造るとかの、住民に利便性を提供する次元の話ではない。日本の安全保障に係かかわる問題だから、と防衛庁・防衛施設庁の担当者が説明しても、庶民にはピンとこない。基地は米軍機の事故、米兵の事件を伴うからである。基地が歓迎されない理由は、そこにある。

在日米軍再編についての日米合意について、日米間に言い分の違いがある。日本側は中間報告だと言い、米側は中間報告ではないと言う。どちらの言い分が正しいのか、三月末の最終報告で明らかになるだろう。

米軍基地問題は日米両政府だけでは解決できない、と私は書いた（本紙二〇〇一年十二月二十七日付）。国際情勢に明るい人なら誰でも知っている。しかし、誰も発言しない。日米両政府の機嫌を損ねるのが怖いからだろう。本当のことは、言うべきだと思う。

在日米軍再編は二〇一二年までに終わらせることは可能である、と米政府高官は語った。本土関係は可能だろう。沖縄関係は不可能だと思う。その時までに、普天間飛行場の代替施設が完成するとは思えないからである。代替施設が完成しないと普天間飛行場は返還しない、と米側は言う。〇六年から六年後の一二年までに完成させることは不可能だろう。一言で言えば、普天間飛行場の返還時期は不確定だということになる。

ならば、沖縄側は黙って時期を待つのかということになる。それでは、策がなさすぎる。普天間飛行場の返還を急ぐなら策は一つある。代替施設が完成するまでの間の一時的対策として、嘉手納基地の所在する自治体は、海兵隊の一部部隊の同基地への移駐を容認する。その代価として、米側に一〇年から一二年までの間に、普天間飛行場の完全返還を約束させる。その間、残留する実戦部隊以外は県外、グアムへ移転させる。自治体、住民の容認は難しいだろう。米軍も難色を示すだろう。だが、普天間飛行場の早期返還を実現させるためにはこの方法しかない、と私は思う。今の状態では、無為無策の月日を送るだけだ。

一二年までには朝鮮半島非核化、中国のサミット（主要国首脳会議）参加国入りが実現するだろう。アジアの軍事情勢の変化に伴い、米軍の軍事戦略も大きく変わるだろう。沖縄の米軍基地が今以上の重要性を持つとは思えない。

（琉球新報　二〇〇六年一月二十四日）

尖閣諸島海底資源と県益

道州制移行に備えて

地方制度調査会がまとめた「道州制」に関する答申によれば、沖縄県は単独区域になるようだ。沖縄の成り立ちからいって、当然である。制度が変わると、行財政の仕組みも変わる。

特に財政は大きな問題を抱えることになる。自主財源確保の問題である。県収の約50％は国に頼る。復帰以来、それは変わらない。改善の見込みもない。さて、どうすればよいのか。

尖閣諸島周辺海域の石油・天然ガス開発による県収確保構想を、私は提案した（本紙二〇〇五年六月十日付）。

海洋産業研究会（本部・東京都）の「沖縄県における海洋資源開発および利用に関する基本調査報告書」には、尖閣諸島周辺海域は海洋石油有望地域と記されている。同報告書は、二〇〇三年度沖縄県委託事業として同研究会が作成したものである。

東シナ海の石油・天然ガス資源問題が世間の関心を集めたのは、中国が日中中間線の中国側海域で天然ガスの採掘を始めたことに始まる。日本企業は日本の領海内に先願権（試掘権の前の権利。ただし鉱業権法上の権利ではない）を持っているが、開発に踏み出す企業はない。帝国石油は昨年、経済産業省から試掘権の認可を得た。それ以後の動きはない。同問題について、日中間協議が続いている。日本は、中国に対し開発中止を求めたが中国が応じないと知るや、共同開発を提案した。共同開発についても、日中間に思惑の違いがあり、協議は難航している。

尖閣諸島は日本の排他的経済水域（ＥＥＺ）内にある。同諸島周辺海域の石油・天然ガス開発に問題はないはずだ。中国に気兼ねすることもないだろう。先願権を持つ沖縄県人が試掘権の申請をした場合、政府は無条件で許可すべきだ。

県は、県内自治体、県内企業、県人の出資で第三セクター方式の開発会社を設立し開発に着手すべきだ、と私は思う。県自ら事業者になれば直接の収入になり、県財政は潤う。事業税、その他の地方税収入が増えても、財政状況を改善することはできない。直接収入以外、改善の方法はない。

総務省は昨年六月、道州制に移行した場合の地方税収面からみた道州ごとの財政力の試算を地方制度調査会に提示した（本紙〇五年六月二十八日付）。

沖縄の充足度は、32％である。八道州の中でも最下位である。沖縄は、財政面では自立できない。引き続き政府の財政支援に頼ることになる。それで良いのか。自立策を考えなくても良いのか。

沖縄県、県人は真剣に東シナ海石油・ガス田開発に取り組むべきだ。国税の法人税が県収にならない以上、事業収入を自らつくり出さなければ、沖縄の完全自立はない。

（琉球新報　二〇〇六年三月五日）

尖閣資源は沖縄の財産

中国の天然ガス田開発問題

八日の新聞各紙は、前日終了した東シナ海の天然ガス田開発をめぐる日中両政府の第四回局長級協議で、中国側が新たに尖閣諸島周辺海域での天然ガス田の共同開発を提案した、と報じた。

現在続けられている協議は、日中中間線をまたいでのガス田共同開発が議題である。中国側が持ち出した新提案は、外務省にとっては、予想外のことであったようだ。同省は対応に追われた。

九日の報道も尖閣問題だった。十日になって、中国側の提案には尖閣諸島とその周辺十二カイリ（二二・二二二キロ）の領海は含まれていない、と報じた。ところが、新聞に載った共同開発海域は、日中中間線を越えて尖閣諸島に限りなく近い。領海の外かもしれないが、尖閣諸島に近いことは確かだ。

尖閣諸島は石垣島から約百七十キロの東シナ海にある。日本の排他的経済水域（ＥＥＺ・石垣島の海岸線から約三百七十キロ）の中にある。紛れもなく、日本の領土である。

国民は、尖閣諸島のことを知らない。日本地図を子細に見ないと、その位置を確かめることもできない。尖閣諸島とは、そのような存在である。

私は、インターネットで同諸島関連資料を検索し、参考になるものには、目を通した。最も興味を引いたのは、国連・アジア極東経済委員会（ECAFE）が一九六九年五月に公刊した「東支那海海底の地質構造と、海水に見られるある種の特徴に就いて」と題する報告書であった。報告書の中に「台湾と日本との間に横たわる浅海底は将来一つの世界的な産油地域となるであろうと期待される」という文章がある。国連が現地調査し、作成した報告書である。後に、私はそれのコピーを入手した。

尖閣諸島海底資源開発が自立経済への道である、と私は書いた（本紙二〇〇三年五月九日付）。先願権（鉱業権法でいう権利ではない。試掘権を得るための出願権だと思えばよい）を持つ県人が試掘権の申請書を経済産業省（沖縄総合事務局）に提出する。登録免許税（一千万円）を納付すれば、書類は受理される。試掘権は二、三カ月で認可されるという。認可後二年以内に採掘に着手しなければならないが、着手できるかどうかは、政府の政治的判断による。しかし、状況がどうであろうと、試掘権に影響はない。

試掘権を取得した県人・企業は、沖縄県、自治体、民間企業、県人に出資を仰ぎ、開発企業となる第三セクター「東シナ海資源開発株式会社（仮称）」の設立に尽力する。

沖縄側の動きに日本企業、外国企業は関心を示すだろう。当然、事業参加への申し込みもくるだろう。県外企業の事業参加は歓迎すべきだ。尖閣諸島周辺の海底資源は沖縄の財産である。それを活用することが、沖縄が自立する確かな道だと思う。

（沖縄タイムス　二〇〇六年三月十七日）

靖国参拝問題と日中関係

閣僚と立場違う総理大臣

小泉純一郎首相の靖国参拝問題は、各方面に波紋を広げている。主要経済団体の一つである経済同友会は、首相の靖国参拝に反対の提言をまとめた。米連邦議会議員の一人は、懸念を表明する書簡を議長あてに送った

小泉首相以前の首相も、靖国神社を参拝している。しかし、毎年参拝を続けているのは、小泉首相だけである。首相は八月十五日の終戦記念日の前後に、靖国神社を参拝するのではないかといわれる。

靖国神社は軍人、軍属、戦死した一般人等を祀《まつ》っている。外地で戦死し厚生省（現厚生労働省）の遺骨収集班によって集められた遺骨、遺品は皇居外苑の千鳥《ちどり》ケ淵墓苑に納められている。靖国神社は戦争犠牲者以外祀られていないはずである。

ところが、極東軍事裁判で死刑判決を受け刑死したA級戦犯が合祀《ごうし》されていることが、首相の靖国参拝賛否論のもとになっているのである。A級戦犯は戦争犠牲者なのか。

極東軍時裁判は、連合国側の判事が一方的判断に基づいて下した判決である、と判決に異論を唱える学者もいる。敗戦国側の被告には十分な弁護の機会が与えられなかったというのだ。裁判

はしょせん、ひとのなせる業である。百パーセント正しいとはいえないだろう。その証拠に、現代でも冤罪《えんざい》事件はあるのだ。

しかし、極東軍事裁判を否定すると、戦争を発議したのは誰かということになる。言うまでもなく、当時の内閣にあることは確かだ。内閣を主宰する総理大臣に全責任があることは弁解の余地がない。現代でも、内閣総理大臣は国事に当たっては、全責任を負うことになっているのだ。

そこで、小泉首相の靖国参拝問題である。小泉純一郎氏が一閣僚であれば、個人の問題という言い訳も通用するだろう。小泉内閣の閣僚が参拝しても、さほど問題にならない。

しかし、小泉首相は閣僚とは立場が違うのだ。内閣総理大臣なのだ。対内的にも対外的にも、日本国を代表しているのだ。そのような理由から、総理大臣は外国との摩擦の原因となる行動には慎重であるべきだ。日本はアジアの一員である。位置的にも人種的にも、アジアの一員である。アジアの国々と友好関係を維持することが、日本の将来にとって大事なのだ。

いま、日本と中国の関係が悪化している。小泉首相の靖国参拝問題が原因だといわれる。果たしてそれだけなのか。尖閣諸島の領有権問題、日本が設定した日中中間線問題など、両国間に横たわる難問は多い。実務者同士の協議は断続的に行われているが、解決の目途《めど》はたっていない。その海域には石油・天然ガスの埋蔵が確認されているだけに、安易な妥協は許されないのだ。

小泉首相は靖国参拝を中止すべきだ。日中関係を改善するためには、それ以外ない。

（琉球新報　二〇〇六年五月二十九日）

鉱物資源豊富な沖縄近海

内外企業募り事業開発を

原油の高騰が続いている。二〇〇一年末には一バレル二〇ドルだった石油価格は〇五年三月ごろには一バレル四七ドルにまで上がり、〇六年四月にはついに一バレル七〇ドルを突破した。さらに上昇の勢いにある。米国のあるアナリストは、一バレル一〇〇ドルまでいくのではないかと予測している。物の値段は売り手と買い手の需給関係で決まる。物が余ると値段は下がる。逆に品薄になると値段は上がる。当たり前のことである。

ところが、石油の値段は違う。産油国の生産量が減っているわけでもない。世界最大の産油国サウジアラビアは日量九百六十万バレル、第二位のイランは日量二百五十万バレル、クウェートその他を足して日量千数百万バレルが生産されているのだ。需給関係でいえば、十分に足りているはずである。しかし、原油価格は上がる一方である。なぜか。ハリケーンの影響やアフリカの産油国の政情不安定などの要因があるが、最大の原因はイランの動向だと、専門家は指摘する。イランは核開発問題で国連、米国と対立している。米国が軍事力を行使すれば、イランは中東原油の運搬ルートであるホルムズ海峡を封鎖すると公言している。そうなれば、中東原油に頼る国は打撃を受ける。イランは石油を武器に国連、米国に揺さぶりをかけているのだ。原油高騰の原因はイラン情勢にあるというわけである。

日本は原油の50%を中東地域の産油国に頼る。同地域への過度の依存を軽減するため他地域からの輸入や、サハリン原油の輸入も始まっている。しかし、中東原油偏重を軽減するには至っていない。石油消費量が急増している中国は、ナイジェリアで採掘事業を始めている。同国は反政府ゲリラが暗躍する危険地域で、日本企業は手を出さない。紛争地域にまで、中国は原油確保に乗り出しているのである。中国は今、東シナ海で天然ガス田の開発を進めている。事業化の体制は整っているといわれる。様子見の日本は、後れを取った。

さて、沖縄のことである。日本と台湾との間の数百メートルの海底に石油・天然ガスの埋蔵が有望だと、国際機関が確認した。沖縄県でも、〇三年度委託事業として東京のコンサルタント企業に調査依頼している。その報告書にも、尖閣諸島周辺海域は海洋石油有望地域である、と書かれている。

つまり、沖縄県の近海には石油・天然ガス、その他の鉱物資源が豊富に存在すると証明されたのだ。もちろん、海底のことだから試掘してみないと正確な埋蔵量は分からない。そこで、県内在住の試掘の出願権を持つ人と県内企業、県人が共同して開発会社を立ち上げ、事業化を目指す。膨大な開発資金を県内で調達することは不可能だから、県外企業に資金協力を求める。有望なプロジェクトとみられれば、事業への参加企業は現れるだろう。今は、そういう時代である。

（沖縄タイムス　二〇〇六年六月十四日）

問題多い「普天間」北部移設

「政府は責任持てるのか」

普天間飛行場の北部移設は、沖縄の負担軽減につながるのか。在日米軍専用施設の75%が集中する沖縄の負担軽減になるのか、疑問に思う。

北部への移設は米軍が望んだものではない。日本政府が選択したものだ。振興策を付ければ、地元の自治体や住民の反対も少ないだろうとの判断から、政府が選定したのだ。

十年間に一千億円の振興策付きで北部移設計画は開始された。夢のような話である。しかし、一年間に百億円の予算を消費するには、毎年県外から一社以上の重工業企業を誘致しない限り、不可能な話である。本土側から、多くのプランが持ち込まれた。地元側も独自の計画案を作った。期待感は強かった。過疎化傾向にある北部の地盤沈下を食い止めるには、振興策で活性化を図る以外、方策はないとの思惑が地元側にあったと思う。

普天間飛行場の代替施設は、政府と名護市で合意。沖縄県とは基本確認書を締結。結局はキャンプ・シュワブ沿岸部に決まった。政府は早速、環境影響評価書（アセスメント）の作成に着手するだろう。公有水面埋め立ての許認可権は、県知事にある。知事が応じれば問題ないが、応じない場合は、政府はどうするのか。政府、県のいずれにも問題を残すことになる。

代替施設にはV字形の滑走路が計画されている。航空機が集落の上空を飛行しないための対策として、政府が考えだした。航空機は海側へ飛び立ち、海側から進入してくることになる。集落上空を飛ばないにしても、飛行中の故障やパイロットの操縦ミスがあれば、事故は防げない。山林で発生すれば山火事が起き、周辺の民家に被害が及ぶ。それは幾多の航空機事故が証明している。軍事基地がある限り、航空機事故は起こり得るものだ。

米軍再編でも、在沖米軍に変化はない。普天間飛行場の代替施設はできる。海兵隊の半分以上は残存する。つまり、在沖米軍に実質的変化はないのだ。政府が言う基地の整理統合、兵力削減は期待薄である。

政府は米側の反対を押し切って沿岸案に決めた。日米合意を理由に沖縄側に受け入れを迫った。自治体側は政府の圧力に屈した。県民無視の政治決着で、普天間飛行場の代替施設はキャンプ・シュワブ沿岸部への建設が決まった。

建設地が一部基地内であれば、反対派は手を出せないだろうとの政府の読みは外れると思う。政府の思い通りに、事は運ばないだろう。基地問題では、県民は安易な妥協はしない。県民の反対を押し切って作業を強行すれば、大混乱になる。それに対し、政府は責任持てるのか。

北部移設には問題が多い。解決は困難だ。過去の経緯にこだわることはない。北部移設は再考すべきだ。

(琉球新報　二〇〇六年七月三日)

北部移設はミスキャスト

「脚本」を書き換えるべき

普天間飛行場代替施設は、辺野古沖案が挫折した時点で北部移設を断念し、別の地域への移転を検討すべきだった。北部にこだわり過ぎた結果が、今日の混迷を招いたのだ。

代替施設建設の見返りに実施された振興策は、北部に恩恵をもたらしただろうか。地域は活性化され、人口は増え、自治体の財政は豊かになり、他地域の住民もうらやむ良質の生活環境がつくり出されただろうか。私の知る限り、否である。何も変わっていない。基地騒動が持ち込まれただけだ。心優しい北部の人たちに、不安を与えただけだ。基地は要らない、と古老は言う。

基地は、造れば半永久的に存続する。使用期限は、ない。必要性がなくなっても、廃止できない。なぜなら、基地は軍の「既得権」だからだ。そういうわけで、基地は実に厄介な存在である。

普天間飛行場返還と海兵隊のグアム移転で沖縄の過重負担は軽減される、と政府は強調する。返還があっても新設があれば、増減なしだ。海兵隊員の多くは、訓練期間中の新兵である。訓練なら沖縄でなくグアムでもいいはずだ。

海兵隊のグアム移転は、沖縄のためでなく、沖縄に駐留するメリットとデメリットを比較した結果メリットなし、と海兵隊側が判断したからに違いない。

県民のマリーン（海兵隊）アレルギーは根強い。隊員の引き起こす事件・事故は多い。沖縄国際大学へのヘリ墜落事故もあった。道路を遮断し、緑豊かな山は荒地にする。県民の怒りがいつ爆発するか分からない。

海兵隊側は、グアム移転のタイミングを見計らっていたと思う。その時、米軍再編問題が持ち上がった。渡りに船である。しかも、移転費用は日本政府が負担する。日本政府に恩を売り、県民からは歓迎される。海兵隊側にとってめでたし、めでたしである。

海兵隊が沖縄から完全移転する時は、意外に早く来るのではないかと思う。北部移転に反対しないのは、代替施設が完成しても長く居る気はないからだろう。V字形滑走路に反対しないのが、その証拠だと思う。長居するなら、離着陸に不便な変則滑走路には同意しないはずだ。

代替施設が北部でなく中部に造られるなら、海兵隊移転後は民間空港として、あるいは国内外へ輸送する貨物の集積センターとして、または現在国外で行われている民間機の整備基地として、多面的に利用できる。

北部移設は、主役に不適当な役者を選んだ映画と同じだ。観客の入りは悪く、興行成績も悪い。プロデューサー、監督、助演者、エキストラなどの関係者を失望させる。北部移設は、ミスキャストだ。

小泉政権は代わる。稲嶺県政も代わる。主役は代わる。脚本は書き換えるべきだ。

（沖縄タイムス　二〇〇六年七月二十二日）

尖閣ガス田採掘

急がれる試掘権取得方策

七月二日早朝、中国の海洋調査船が尖閣諸島・魚釣島の南西約二十四キロで、海水を採取した。その海域は日本の領海（尖閣諸島の周辺十二カイリ＝二十二キロ余）外だが、日本の排他的経済水域（ＥＥＺ）内である。日本への事前通報はなく、明白なルール違反である。

中国の意図は何か。言うまでもなく、尖閣諸島周辺海域のガス田共同開発である。三月七日に終了した第四回局長級協議で中国側は、尖閣諸島周辺海域でのガス田共同開発を提案した。日本側に拒否されたが、今回の海水採取は、提案実現のための示威行動ではないかと思われる。

中国は高度経済成長を維持するため膨大なエネルギー資源を必要としている。国内の油田開発は限界にきているといわれ、そのため中東、アフリカ、ロシア、中南米地域で油田開発を続けている。アフリカ地域では、日本が手を出さない紛争国にまで進出している。中国は原油確保にひた走っている。

中国は世界第六位の産油国である。大慶油田（黒龍江省）や、ほかの油田もあるが、高度経済成長につれて国内生産だけでは間に合わず、一九九六年以降は原油輸入国になった。

二〇〇三年には、米国に次ぎ、世界第二位の石油消費国になった。現在の消費量は三億一千万トンと推定され、一〇年には四億トンに達すると推定される。ちなみに、日本の消費量は〇四年度二億六千万トン（「世界エネルギー統計」より）と推定される。

中国は現在、東シナ海の日中中間線の中国側海域で、春暁ガス田ほか数件の開発を続けている。春暁ガス田は生産を開始していると伝えられる。開発海域は日中中間線に沿って南下し、いずれ日本側海域に入ってくるのではないかと、予測される。

中国側の開発攻勢に対し、日本側はどうか。石油開発企業一社が日本側海域における試掘権を持つ。昨年八月三日付で鉱業原簿に登載された。試掘作業はまだ開始されていない。試掘権とは地下、海底に埋蔵されている鉱物資源を発掘する権利をいう。試掘後本格的採掘に着手するには、採掘権の認可を得る必要がある。所管は経済産業省である。

試掘権の申請は、先願権を持つ者が優先される。先願権とは試掘権申請の順位のことである。法律上の権利ではないので譲渡は、個人の場合は親族、法人の場合は企業合併以外認められないといわれる。

沖縄県にも先願権を持つ人がいる。本土復帰前に取得しているが、試掘権を申請することなく、今日に至っている。試掘権に切り替えない限り、価値はない。試掘権取得のため、協力者を募るべきだ。現状のままだと、本土企業に先を越される可能性がある。彼らが中国企業と共同開発に踏み切ったら、県人の先願権は飲み込まれてしまう。試掘権取得のための方策を急ぐべきだ。

（琉球新報　二〇〇六年八月八日）

沖縄近海は資源の宝庫

開発進め財政を豊かに

次の時代のエネルギーとして、サトウキビやトウモロコシを原料とするバイオエタノールが、注目を集めている。宮古島においては、県内企業が製造・実験を行っている。政府も、二〇〇八年度から同島で大規模な実証事業に乗り出す予定だという。しかし、将来性は期待できるとしても、解決すべき問題は多く、実用化はかなり先のことだろう。

日本の石油消費量は〇四年度二億六千万トン（「世界エネルギー統計」から）である。その100%を輸入に頼っている。主な輸入先はサウジアラビア、イラクなどの中東諸国である。日本の石油事情は中東の政治情勢に左右される。外国に依存する限り、石油事情は今後も変わらないだろう。なすべきことは、国内油田の開発である。

国連アジア極東経済委員会（ＥＣＡＦＥ）は一九六八年十～十一月までの間、沖縄近海（尖閣諸島を含む）の海底資源調査を行った。翌六九年五月に公刊された報告書には「石油・天然ガスの埋蔵が期待される」と書かれている。

日本政府は、沖縄の本土復帰以前の六九年六～七月と翌七〇年六月の二度、東海大学に委嘱して尖閣諸島周辺海底の地質調査を行っている。琉球大学は七〇年九月～十月、九州大学・長崎大学合同調査隊は七〇年十一～十二月、それぞれ学術調査を行っている。日本政府は、石油・天然ガスなどの埋蔵量について、公表していない。

九七年七月一日に香港が中国に返還される直前、香港筋のホームページに以下の数字が載った。日本側は千九十五億バレル（バレルとはウイスキーの原酒を詰める樽《たる》の意味）と推定した。中国側は八〇年代初頭の調査で七百～千六百億バレルと推定した。

第三者の米中央情報局（ＣＩＡ）は七七年推計で三百九十億バレル、旧ソ連の地質学者は七四年推計で七十五億～百十二億バレルと算出した。埋蔵量に差異があるのは、調査海域、調査方法に違いがあるからである。

世界最大の埋蔵量を誇るのは、サウジアラビアである。第二位はイラクで、千百二十五億バレルと推定される。香港筋から出た日本の推定埋蔵量千九十五億バレルは、イラクに匹敵する量ということになる。沖縄県は、国内最多の海底資源を保有する自治体である。政府の支援で県の財政は維持されているが、潜在的には日本でも有数の富裕県である。海底資源を含み資産にすると、四十七都道府県の中でも上位に位置付けられるくらいの財政豊かな自治体になる。

沖縄近海は資源の宝庫である。石油・天然ガスなどのエネルギー資源、金、銀、コバルト、マンガンなどの鉱物資源が海底に眠っている。沖縄県と県民は、エネルギー資源をわが物とし、開発に取り組むべきである。

（沖縄タイムス　二〇〇六年八月三十日）

尖閣資源開発と離島振興

石垣島に陸上処理基地を

　ロシア・サハリン産原油が日本に輸入される。石油元売り大手の新日本石油は今秋にも、まず五十万バレル程度を購入する予定だという。サハリンでは、二つの石油・天然ガス開発事業が進行中である。今回、日本に輸入される原油は「サハリン1」からのものである。同プロジェクトは二〇〇三年七月に作業を開始した。総事業費は百二十億ドルで、推定埋蔵量は、原油は二十三億バレル、天然ガスは四千八百五十億立方メートルといわれる（読売新聞〇三年五月十三日付）。

　日本に輸入される原油は日量四二二・五万バレルで、約94％がサウジアラビア、アラブ首長国連邦ほか中東諸国からのものである（〇五年度。経済産業省「資源・エネルギー統計年表」から）。

　日本はエネルギーの１００％を外国に依存している。中東地域の産油国は政治的に不安定要因を抱えている国が多い。政情不安が拡大すると、国内が混乱し、原油の供給が不安定になる。そのことは日本のエネルギー事情に大きな影響を及ぼす。中東諸国やほかの産油国への依存度を軽減するためには、国内油田の開発を進めることが重要事である。

　尖閣諸島周辺には、イラクに匹敵する石油が埋蔵されているという情報が香港筋から出た。香港が中国に返還された一九九七年七月一日直前、同筋のホームページに数字が掲載された。油田の存在は国連の調査で明らかになっていたが、数字が出たのは、初めてである。数字は以下の通りである。日本側は千九十五億バレル（六九年六―七月、七〇年六月の調査）、中国側は七百億―千六百億バレル（一九八〇年代の調査）、米中央情報局（ＣＩＡ）は三百九十億バレル（七七年推計）、旧ソ連の地質学者は七十五億―百十二億バレル（七四年推計）と算出した。調査海域、調査方法に差異があるため、数字が違うのである。

千九十五億バレルは約百五十億トンである。日本の石油消費量は〇四年度で二億六千万トンである。おおざっぱに言うと、年間消費量の六十年分の石油が海底に横たわっている勘定になる。もったいない話ではないか。

海底からくみ出した原油は、陸上処理基地で一次処理される。その後、パイプラインかタンカーで製油所に運ばれる。そこでガソリン、灯油、軽油、揮発油などに精製される。

陸上処理基地の所在だが、石垣島が最適であろう。採掘場所から近く港湾施設も整っている。原油を中国に輸出する場合、通関手続きもできる。石垣島は、すべてにおいて都合が良い。

陸上処理基地は、八重山地方の産業振興に大いに貢献するだろう。基地建設に数百億円、従業員が数百人、関連企業も加わると、八重山地方の基幹産業になるだろう。沖縄県、県内企業は油田開発に本格的に取り組むべきだ。

（琉球新報　二〇〇六年九月十一日）

普天間移設、勝連沖人工島へ

工事安く短く国際貢献も

普天間飛行場の北部移設計画は、政府の先見性のなさを示す典型的な例だ。計画を強行すれば、挫折した干拓事業や工事が中断された高速道路と同じ結果を招くことは明らかだ。

代替施設の北部移設について、大阪大学大学院助教授ロバート・D・エルドリッヂ氏が中央公論七月号に、「どこにも行かない『ロードマップ』」と題する論文を書いている。

同氏は十の問題点を指摘する。環境、騒音と危険性、米軍の懸念、軍事的な側面、滑走路以外の支援施設、基地問題の根本的な解決、建設工法、文化遺跡、建設期間、建設経費などである。

防衛庁・防衛施設庁は前記の問題点とその対策について地元側に十分説明していない。地元側の合意形成を待たずして、見切り発車の態勢に入っている。問答無用、お上の言うことは聞け、と言わんばかりの態度は納得できない。

北部以外に代替施設に適する場所はないのか。北部が唯一の場所なのか。

海兵隊は、太田範雄沖縄商工会議所名誉会頭が考案した勝連沖人工島プランに関心を示しているという。同プランは、与勝沖代替飛行場案として「経済自立目指して」のタイトルで発表された（本紙一九九九年二月十二日付）。

政府がその時点で太田案を検討していたら、現在の混沌《こんとん》とした状態は生まれなかったのではないだろうか。伝え聞くところによれば、政府は新たな基地は造らないという方針の下、太田案を無視したのだという。実際はしかし、政府の計画を引っ込め一業者の立案したプランを採用するのは、政府のメンツにかかわるとして太田案を葬ったのではないかと、私は推測する。

なぜ人工島なのか。第一に沿岸案より工費が安い。第二に工期は五～七年程度で済む。第三に民間施設が併設でき、そのエリアは沖縄県の財産になる。民間施設には航空機整備工場、国際援助物資集積施設など国際貢献に資する施設を建設することができる。特に国際援助物資集積施設は国際貢献への役割が大きい。

地球温暖化の影響で、世界的に異変が起きている。津波、洪水、干ばつなどはその影響である。それは人類の生存を脅かす要因になる。国際貢献とは、自衛隊の海外派遣だけではない。被災地への食糧、衣服や毛布などの生活必需品の無償支援も、国際貢献である。日本は支援国として数万人の供給に備えるための備蓄施設を持つべきだ。

一兆円規模の国費を投入して建設される代替施設は基地内建設でなく、将来海兵隊が国外移転した後は沖縄県の財産として民間が利用できる場所に造るべきだ。その意味では、場所は勝連沖人工島が最適である。政府は、先行き不透明な沿岸案を撤回し、勝連沖人工島案に計画変更すべきだ。

（沖縄タイムス　二〇〇六年十月七日）

普天間代替は勝連沖へ

人工島案こそ円滑な建設に

普天間飛行場は、いつ返還されるのか。返還の条件である代替施設は、いつ完成するのか。いまの時点では、日米両政府とも明確に答えきれないだろう。つまり、先が見えないということだ。「沿岸案」は、ますます怪しくなってきた。陸地側では、滑走路建設予定地内にある兵舎の移転先問題で日米間の協議が難航している。沿岸側では、環境省の今年三月までの調査で、絶滅危惧《きぐ》種に指定されているジュゴン四頭が視認された。安部集落沿岸の海草藻場で複数の食《は》み跡が確認された。沿岸案は、陸地、沿岸の両方に難問を抱えている。

沿岸案では、米軍再編が完了する二〇一四年までに代替施設を完成させることは不可能だ。代替施設建築予定地内の埋蔵文化財調査に六年、環境影響評価書（アセスメント）作成に二年、県外からの土砂、資材の運び込みに三年、工事着手までに十年以上の年月を要する。工事期間が最短で五年だとして開始から完成まで十五年以上、〇七年から開始したとしても、二〇年はすぎることになる。台風その他の気象条件によってはさらに数年延びる。一四年の米軍再編完了時に普天間飛行場の代替施設を完成させることが不可能であることは明らかだ。

一四年には、何が何でも普天間飛行場の返還を実現させなければならない。それには、沿岸案では駄目だ。
沿岸案に替わるのは、県内建設業者が考案した勝連沖人工島案である。この案なら、一四年の米軍再編完了時に代替施設を完成させることは可能だ。

〇七年―〇九年の間で漁業補償、アセスメント、公有水面埋め立て問題を解決する。一〇年から埋め立て工事を開始し、一四年までの五年間で滑走路および格納庫その他の付帯施設を完成させる。無理のない現実的なスケジュールである。

普天間飛行場返還問題は、一九九六年十二月の普天間飛行場その他の米軍専用施設・区域の返還を決めた沖縄に関する特別行動委員会（ＳＡＣＯ）の最終報告を、日米両政府が合意したことに始まる。橋本内閣以後、小渕、森、小泉内閣へと、政権は代わった。いずれの政権においても、普天間返還が内政の最重要課題として位置付けられてきた。十年後のいまも、返還のめどはたっていない。いま、安倍晋三内閣である。

なぜこれほど長引いたのか。政府が北部地域への移設にこだわったからである。辺野古沖案は、計画時点から工事が危ぶまれていた。浅瀬案へと移り、最後に行き着いた案が「沿岸案」である。ところがこの案も、前に述べた難問難題を抱えている。

二〇一四年の米軍再編完了時に代替施設が完成していないと、米側の対日不信感は広がるだろう。その時は、来年から八年後である。

（沖縄タイムス　二〇〇六年十一月十一日）

尖閣海底油田は沖縄の財産

産出量15％は県の権益に

東シナ海のガス田開発は、中国が先行している。中国は、日中中間線から中国側へ約七十キロ入った海域で、ガス田「平湖」を開発中である。そこから北北東へ約六キロ離れた海域に建設された海上基地（中国が「八角亭」と呼ぶ試掘用の掘削施設）の煙突から炎が出ているのを、十一月一日海上保安庁と自衛隊が確認した。新たにガス田を開発したのだ。

外務省は早速、駐日中国大使に抗議した。大使は、抗議は受け入れられないと答えた。中国が開発区域を広げるたびに、外務省は抗議する。東シナ海のガス田開発をめぐる日中間の争いは今後も続きそうだ。

東シナ海では、中国が日中中間線上で「白樺（中国名春暁）」ガス田を、それ以外にも三つのガス田を開発中である。今後さらに南下し、尖閣諸島の近くまで来るのではないかと予想される。尖閣諸島と台湾の間の水深数百メートルの海底のたい積物に、石油および天然ガスが含まれている可能性があると、国連アジア極東経済委員会（ＥＣＡＦＥ）が一九六九年五月に公表した。

尖閣諸島が注目されるようになったのは、海底資源が原因である。尖閣諸島海域に石油・天然ガスが存在することを、日本政府は長い間秘密にしていた。同諸島を含む東シナ海にガス田があることを実証したのは中国である。

中国側の開発攻勢に対して日本側はどう対処しているのかといえば、日本側は現在、中間線の日本海域で帝国石油（現国際石油開発帝石ホールディングス）だけが試掘権を持っている。同社は二〇〇五年、通商産業省（現経済産業省）から試掘権の許可を得た。試掘作業の開始時期について、同社は明らかにしていない。

多くの石油開発関連企業が日本の排他的経済水域（ＥＥＺ）内に、先願権（試掘権申請のための優先権）を持っている。現在、他の企業が試掘権の申請をする動きはない。

尖閣諸島海域に先願権を持つ本土企業が試掘権を得て試掘し、その後採掘権を取得し、本格的に開発事業に乗り出した場合、企業側のみで権益を独占すべきでない。産出量の15％は沖縄県の権益として保証すべきだ。

ロシア・サハリン島の日、米、ロシア、インドの四カ国共同開発事業「サハリン１」プロジェクトでのロシアの権益は20％である。形は違うが、ナイジェリアでは石油収入の13％が産油州に配分されている。尖閣海底油田の原油が日量十万バレル産出されるとする。沖縄県の権益は一万五千バレルである。一バレルの取引価格が六千円とすると九千万円が一日の県の収入になる。一カ月三十日計算で二十七億円、一年十二カ月で二百八十八億円になる。産出量は年々増加する。日量百万バレルになると、二千八百八十億円が県の歳入になる。地方交付金などの支援策は必要なくなる。夢物語ではなく、現実の話である。尖閣海底油田は沖縄の財産だ。

（琉球新報　二〇〇六年十二月一日）

実現不可能な「北部移設」

勝連沖人工島が現実的

沿岸案を推進する政府、防衛庁・防衛施設庁は、十一月一日那覇防衛施設局を介して環境影響評価書（アセスメント）の方法書の作成業務について入札を行い、県内業者の落札を決めた。契約は二〇〇七年三月末までに行うという。アセスに三年、工事に五年、二〇一四年までに代替施設を完成させる予定だという。このスケジュールには無理がある。埋蔵文化財の調査、国の天然記念物・ジュゴンの保護策など重要な点が抜けている。文化財調査は省略、ジュゴンは別の沿岸に移動させるということか。いずれにしろ、実現不可能なスケジュールである。

北部移設計画では、一四年の米軍再編完了時に代替施設を完成させることは不可能だ。不可能な計画を推進すると、時間と費用を無駄にした辺野古沖案と同じ経過をたどることは明らかだ。

北部移設計画は、沖縄側から出たものではない。豊饒《ほうじょう》の海を軍事基地に変える発想は、沖縄県人にはない。県人の心情を知らない、県外の人の便宜主義の発想だ。沖縄県人なら、状況を十分に調査し実現性のある計画を立案する。

勝連沖人工島計画は、沖縄側から出たものだ。立案者は、平安座島の石油備蓄基地建設で中心的な役割を果たした太田範雄沖縄商工会議所名誉会頭である。同氏は備蓄基地建設の経験から、集落に隣接しない人工島案を着想し、計画書を作成した。政府、沖縄県にも提示した。政府、県は問題にしなかったという。その案を検討していたら、今ごろは、代替施設問題は解決に向かっていたはずだ。

代替施設が完成しないと、普天間飛行場は返還されない。海兵隊八千人もグアムへ移らない。「危険性の早期除去」は解決されない。近隣住民の不安な日々は続く。メンツや意地の張り合いでは、問題は解決しないのだ。

代替施設の建設地は、人工島が良い。人工島には米軍専用施設だけでなく、国際援助物資集積センター、航空機整備工場などの民間事業用施設も計画されている。人工島は、軍民施設が共存するエリアとなる。そこに代替施設を造れば、海兵隊が国外移転した場合、同施設は即座に民間事業用に転用できる。跡地利用を考える必要はない。

海兵隊は、いずれ沖縄を撤退していくと思う。グアムへ移転する八千人は、将来の完全撤退のための先遣隊だと思う。撤退の時期は、一九四五年の米軍駐留から百年たった二〇四五年ごろではないだろうか。そのころには、アジア情勢は好転していると思う。

海兵隊の撤退を想定し、基地依存型経済を転換しなければならない。県外企業の誘致や観光客の受け入れ強化も重要だが、県・県民が創業の精神に目覚めることが大事だ。豊富にある海洋資源を産業化することができれば、経済自立は可能で、沖縄県の将来は明るい。

（沖縄タイムス　二〇〇六年十二月二十日）

普天間移設は勝連沖が最適

人工島に施設建設を

政府はなぜ、代替施設の建設地をキャンプ・シュワブ沿岸部にこだわるのか。

挫折した辺野古沖案が沿岸案に変更されたとしても、問題山積の状態が解消されたわけではない。米軍再編完了の二〇一四年までに代替施設を完成させ、普天間飛行場の返還を実現することは、日米両政府の合意事項である。期限内完成は日本政府の対米公約と言ってよい。一四年は、〇七年から八年後である。建設予定地内にある米軍兵舎の移築、貝塚時代の遺跡調査、アセスメント、ジュゴンの保護対策、県外からの土砂・資材の運び込みなどの作業が完了しなければ、滑走路、格納庫その他の付帯施設の工事に着手できない。一四年の米軍再編完了年までに代替施設を完成させることは、いくら急いでも不可能だ。遺跡調査は、時間がかかる。普天間飛行場のケースが参考になるだろう。作業が開始されたのは、一九九九年であった。〇六年までの進行状態は83％である。〇六年十月三日の県議会一般質問で、県側はそう答弁している。遺跡調査だけでも、八年以上かかるのだ。絶滅危《き》惧《ぐ》種に指定されているジュゴンの保護は世界的問題である。環境省の〇一～〇三年の調査では、本島近海に十頭が確認されている。大浦湾入り口周辺にも、〇五年七月一〇六年三月の間に四頭が確認されている。安部集落沿岸域には海草藻場がある。キャンプ・

シュワブ沿岸部海域がジュゴンの生息環境になっていることは明らかだ。生存を脅かす事態をつくれば、欧米諸国の非難を浴びることは明らかだ。

政府が普天間飛行場の移転先に辺野古案を決めたのは、九九年である。その一年前に、平安座島の石油備蓄基地建設で中心的な役割を果たした太田範雄沖縄商工会議所会頭（当時）を中心とする研究グループが「沖縄中部飛行場建設計画」を立案した。平安座島、宮城島と浜比嘉島の間の水深一〇メートル以下の海域に人工島を造成する計画である。

計画書には設計図、飛行場建設の必要性、規模、位置、海域図（水深の分布）、気象条件、管制空域と他の飛行場との関連、接続道路との関係などが十六ページにわたって記述されている。人工島には普天間飛行場代替施設、航空機整備工場、旅客・貨物ターミナルなどが計画されている。近隣に民家はなく、海浜にジュゴンはいない。代替施設建設には最適の場所である。

基地は内陸部に造るべきではない。軍用機が集落の上空を飛行しないにしても、危険が上空に存在することに変わりはない。完璧《かんぺき》な操縦技術を持つパイロットといえども、機の安全性を保証することはできないだろう。

キャンプ・シュワブ沿岸部の代替施設は、政府が安全性を強調しても、事故の可能性は常にある。V字形滑走路の双方向使用を判断するのは、パイロットだ。緊急事態発生と判断すれば、集落上空の飛行も許される。安全性を保証するものは、何もないのだ。

（琉球新報　二〇〇七年一月九日）

付録

第六十三回国会衆議院　予算委員会公聴会議録　第一号　　昭和四十五年三月三日（火曜日）

金城幸俊（平成五年に「宏幸」に裁判所の許可を得て改名）公述人の発言

○金城公述人　私は、昭和四十五年度の予算案について、一般の中から御指名を賜わりました金城幸俊でございます。

私は、何ぶんにもしろうとでございますので、予算といいましても、はなはだばく然としておりまして、非常に雲をつかむような数字でございますから、その個々について申し上げることはできませんので、私たち庶民に最も関係の深いと思われます二、三の点について、意見を述べさしていただきます。

いわゆる警戒中立型というふうに銘打たれております昭和四十五年度の予算案は、非常に膨大な数字の金額でございまして、私どもは、雲のかなたで何かアポロが月の石を採取しているのをテレビで見たときのような感じでもって、この数字を受け取りました。このような大型予算がいいのか悪いのかという論議については、私は専門家でもございませんので、わかりません。

佐藤総理大臣は、この政府案が決定されましたときに、物価などへ悪影響を及ぼさないように弾力的な運用をするということを言われたと聞いております。きわめて個人的な意見を申し上げますならば、二、三日前の新聞に、昭和四十四年度の全国消費者物価の上昇率は六%を上回るというふうに報道されております。はなはだ抽象的な意見で、六%と申しましてもわかりかねますので、私は、つい二、三日前、スーパーマーケットへ行きまして調べてまいりました。いま、この私のこぶしほどのジャガイモ一個、これは百六十グラムですけれども、これの値段が大体二十五円。このジャガイモがそれでは去年のいまごろ幾らだったかと申しますと、十八円からせいぜい二十円どまり。大体二割ぐらいアップしているわけです。物価上昇を抑制するということがこれからの課題でございますのに、こういう大型予算で、もしも物価抑制のできなかったというふうになりますと、たいへん困ります。

それから、ことしは減税が二千四百億円実施されるということで、私ども働いております者には、減税というとたいへん喜ばしいことだというふうに考えておりますが、さて二千四百億円減税になりましても、たとえば、また、きわめて個人的な意見ですけれども、いま年収百万円の方がおりまして、配偶者及び扶養家族一人の方の所得税は、大体二万二千円弱というふうになっておりますが、その二万二千円の税金のうち、さて二千四百億円の中にどのくらい吸収されているのだろうか、減税の率がどのくらい吸収されているのだろうかと思いますと、実際それが実施されて、給料袋をとって中をあけてみないとわからないというふうなことで、かりに二万二千円の税金が一万円ぐらい減税になっておれば、これはたいへん喜ばしいと私は思うわけですけれども、さてそれがどのくらいになるかわかりませんので、減税といいましても、額だけが大きいような気がいたしまして、なかなかぴんとこないというのが実情だろうと思います。毎年、減税減税とかけ声だけがたいへん大きいような感じがしまして、これは実際実施されてみると、われわれの仲間の間でも非常に、何だこれだけのものかというような不満が出まして、期待が大きかっただけに、いつもがっかりするというのが、例年のならわしになっているようでございます。

それから、また、最近いわゆる公害問題というのが非常に新聞紙上などを通しまして騒がれております。自動車の排気ガス等によります公害だとか、あるいはことしの正月に東京、千葉、埼玉の三都県で、いわゆるくさい水問題が発生しまして、これはどうやら利根川上流の工場が流しております廃液がその原因じゃないだろうかと、これもまだはっきりしたそういう結果は出ておりませんのですが、たとえば最近の全国の主要河川の合成洗剤の主成分でありますABS、アルキルベンゼンスルフォン酸ソーダと申しますが、これが昭和三十五年ですと〇・五PPMだったのが、昭和四十三年になりますと一・五PPMと、十倍にも増加しているという結果が発表されております。また、岩手大学の田中助教授は、ネズミに体重一キログラム当たり二百ミリグラムのABSを投与したら、脳のない奇形児が生まれたという実験結果を報告しております。そのような結果が出まして、どうやら公害問題というものが世間でもだいぶうるさくなってきた。ところが、では今年度の公害対策費としてどのくらい計上されておりますかといって見ますと、各省庁合わせても百九十八億円しか計上されておらないという結果になっております。これはアメリカの例を引くとたいへん申しわけないのですけれども、ニクソン政権が水質の保全経費だけでも四億ドルという膨大な数字を計上しているのに比べますと、非常なもの足りなさを感じます。

ことしは内政の年であるというふうにいわれまして、佐藤総理みずからが国民の皆さんにＰＲをしたわけでございますから、私どもとしては、もっと内政に力を入れてほしかったというふうに考えております。内政問題は外交問題に比べましてはなはだじみな問題でございまして、なかなか一般受けをしないような問題じゃないかと思いますけれども、私どもは、その身近な問題から政治という大きな力で処理していただかないことには、安心して市民生活を営んでいくことができないというふうに考えております。

私は、限られた時間でございますので、ただいまいろいろ申し上げましたけれども、物価の問題にしましても、あるいは減税の問題にしましても、公害の問題にしましても、非常にもの足りない、諸外国の例を引きましても非常にもの足りないというふうに感じました。もっともっと積極的な施策を講ずる余地が残されていたのではないだろうか、いまでもそのように考えております。

また、そういう悲観的な材料ばかりかと申しますと、あながちそうでもございませんで、たとえば、先ほどもお話がありましたように、社会保障関係が前年に比べると二二・二％も大きくなっているということは、それなりに成果があったのではないかと思っております。ことに年収百万円以下の方の妊産婦の件なんかは、早い話が、私でもすぐ該当するような問題で、いままで家内が産院に通うたびに幾らかの金を出していたものが、今度出さなくてもよくなるということは、それなりに喜ばしいことじゃないかと思います。

以上、非常に概略的に申しまして、何ぶん私もこういう席で意見を述べるということははなはだふなれなものですから、脈絡のないことを申し上げたと思いますが、本年度の予算案は、いろいろな面でたいへん不満はある。私もいろいろこまかいのを調べてみますと、非常に不満だらけだ。しかし、不満だらけなだけじゃなしに、中にはいい点もあるのだというふうに私は解釈しまして、もちろん公約のとおりいろいろ中身を実行していただくという意味合いを兼ねて、この予算案はおおむねにおいてぼくは賛成だというふうに考えております。さて、どこが賛成でどこが反対というふうにこまかいことを私はここで申し上げられませんし、またそのような識見もございませんが、おおむね賛成であるというふうに申し上げておきます。

はなはだ簡単でありますけれども、私が本年度予算案に対して感じたことをごく大まかに申し上げました。（拍手）

〜○〜○〜○〜○〜

○金城公述人　お答えします。

土地の値上がりというものはもう数年も前からの問題でございまして、私も実は借家に住んでおりますのですが、自分が土地を買って家を建てようなどという夢はさらさら捨ててもう久しくなりますけれども、たとえば土地を持っている人が得をするということで、先ほど御質問のように、ある一定の区域に法律を定めて、その以内ならば家を建ててもよろしいというふうなことになりますと、何か法律でもって、ただ理屈、理論といいますか、そういう問題だけが出されて、あとは私のほうの知ったことではないということになりますと、幾らどんな法律ができようとも、それを行動でもって示していただかないと、やはり土地の値上がりというものはますます高くなるのではないかと思います。

それで通勤圏内一時間半ですとか、限度が一時間半だといいましても、なかなかその時間から通ってくるというのは実は少ないのでございまして、私どもも大体二時間ぐらい——私どもの周辺でも、つい三年ぐらい前はたんぼだったのですけれども、それが当時はせいぜい三万円ぐらいの地価が、いまでは付近にちょっとした商店街ができた関係で、もう十万円か十五万円ぐらいに値上がりしているということで、土地の値上がりというものは、たとえば法律をきめたからといって、それで抑制できるものではないというふうに私は考えます。ですから、それは何かもっと政治的な、ただ単に法律を発布するということじゃなしに、大きな、たとえば住宅公団とか、そういう公団が住宅をたくさん建てて低家賃で住まわせるというような、何か具体的な行動でもって示していただかないことには、ただ単に法律をたくさんつくっても、それが適用されるということとだけではなかなか土地の値上がりとかその他も――土地に限りませんけれども、値上がりというものを抑制することはできないのじゃないかと私は思います。

私も実は具体的に、さてどういう施策を講ずればたとえば土地の値上がりを抑制することができるかということを示してほしいと言われましても、なかなかそういう案もございませんので、はなはだ抽象的な御返事になりましたけれども、要はやはり何か政治的な大きな力でもって、具体的な行動でもって示していただかないことには、これはなかなか解決できない問題じゃないかと思います。

～○～○～○～○～

○金城公述人　お答えします。

私は、公害の問題を今度積極的にやっていただきたいと思います。私どもは、たとえば空気にしましても水にしましても、それがなければ一日たりとも生きていけない。その空気ないし水の中に不純物がまじっているということになりますと、まず私たちはいますぐ死んでしまう。多少大げさになりますけれども、要するにわれわれの体内の中にそういう不純物が入ってくるということは、われわれだけでなしに、子々孫々までももしもそれの影響が出てきては困りますので、私はそういうものを国家的行事として、政策の中で盛り込んで大々的にやっていただきたい。減税とか物価というのはとかくクローズアップされますけれども、公害の問題はなかなかクローズアップはされなくて、私もそういうものに対してたいへん興味があるのですけれども、私にはたいへん歯がゆく思います。

以上です。

〜○〜○〜○〜○〜

○金城公述人　お答えします。

物価抑制の問題については私ども全くしろうともしろうとでございまして、およそ何もお答えできませんけれども、物価が上がるということは、たとえばその何かの目安がありまして、公共料金が上がったからそれにつれて物価が上がるとか、あるいは春闘でもって賃金が上がったから、それにつれて物価が上がるんだという何だか循環論法みたような、どちらが原因だということもわからない状態なものですから、たとえばそういう相手が上がったからこっちも上がったんだというような考えはこの際取っ払って、もっと純粋にといいますか、もっと最初に返って考えてみてはどうかというふうに私は思います。その具体的なことは申し上げられませんけれども、要するに相手が上がったからこれにつられてこっちのほうも上がっているんだというようなことは、やはりわれわれとしては何か納得のいかない結果になると思います。

それから防衛費の限界ということでございますけれども、たとえば防衛費が上がるということは、私は個人的な意見で申しますと、すぐ戦争ということを連想するわけです。最新兵器を装備するために金が要るのだなというふうに、実に単純に解釈するわけです。だもんですから、そういう意味ならば——もちろん自分の国は自分で守るということは私は大いに賛成ですけれども、何か戦争ということに結びつきますと、自分の国は自分で守るという理由づけもすなおには受け取れない。ですから限界がどのくらいかという御質問に対しても私はわかりません。

最後の児童手当の件でございますが、私はまだ学齢に達する子供を持っておりませんので、児童手当のことはじかには感じとしては受け取れないのですけれども、私の友人が実は公団に住んでおりまして、２ＤＫで一万五千円ですか、それの家賃を払っておりますけれども、非常に高いということを言っておるわけです。それよりも県営のほうが安いんじゃないかとか、市営のほうが安いんじゃないか。国のなさることよりも市あるいは県のやっておられるほうが安い。私どもは、単純に考えますと、膨大な費用で全国的な規模でやられる国のほうの住宅施策が優先しているのではないかと思って、公団住宅の高いということに対しては私もだいぶ抵抗を感じておるわけです。

さてどちらにしましょうかというふうな問題になりますと、私個人の意見を申し上げますと、私はやはりその分住宅事情の改善に回していただき、たいというふうに考えます。

以上です。

〜○〜○〜○〜○〜

○金城公述人　お答えします。いまたくさん御質問なさいまして、私はそういう問題に一々お答えできませんので、ごく二、三の件についてお答えします。

実は、義務教育の全額国庫負担ということなのですけれども、私どもも義務教育のときには、PTA会費だとかその他学校維持のための寄付金というものを徴収されまして、だいぶ痛い目にあってきておりまして、――もっともその当時と現在ではいろいろ社会情勢あるいは個人の所得の問題なんかもだいぶかわってきまして、当時私どもは――私が小学校を出たのが昭和二十六年で、中学が二十九年、高等学校が三十二年でございますが、教育費ですか、そういうのを負担するのにたいへん四苦八苦しておったという記憶があります。しかしながら、とにかくぼくはそれでも学校を出てきた。もちろん、現在義務教育、中学までの方がどのくらいの教育費を負担しておられるか私はわかりませんが、もしもそういうものを国庫で負担することができるならば、たいへん望ましいと、私は現在私人として、そういう希望があればたいへんけっこうなことだと思います。

それから脱税の件でございますが、実は新聞等で報道されておりますす脱税ということに対して、私どもたいへん腹立たしいような、それからまた一面、先ほど申されたように、そんなお金をどこへ隠すんだろうかという、うらやましいような気分になったことは事実でございます。こういうものが、やはり脱税というものが世の中にはびこっているようでは、われわれ意欲的な気持ちで仕事をしようと思いましても、つい気分的なゆるみがあって、早い話が、苦しくなったら何か銀行強盗でもやろうじゃないかということになりかねません。ついきのうもそういう事例がありまして、私どもはふんまんやる方ないわけですけれども、やはり脱税というものは徹底的に取り締まっていただきたいと考えております。

それから基地の問題でございますが、住宅だけに限って申し上げますと、たとえば住宅を建てるということはたいへんいいことだと思います。そのかわり建てた住宅は通勤に不便だとか家賃が高いということになりますと、せっかく建てていただいても入居者がいないとか少ないとかで、国のお金を寝かせておくということにもなりかねません。ですからやはりもっと総合的な施策を講じていただきたいと思います。ただ単に、住宅を建てたからそちらへ住みなさいとか、入居者は募集しますというだけでは、たいへん困ります。

以上です。

昭和四十五年三月三日（火曜日）

偉大な先達のあとに、「われわれが成すべきこと」

沖縄の本土復帰二十五周年の今年、生涯を「復帰運動」一筋に歩まれた偉大な先達を、われわれは二人とも失うことになった。屋良朝苗、喜屋武真栄の両氏である。

日本では政治家のことを「先生」と呼ぶ。その習わしに従えば、両氏に対する敬称は「先生」である。社会運動家として、あるいは政治家としての両氏の功績を、沖縄県民は、あるいは両氏を識る本土の人々は、決して忘れないだろう。ひとを教え、ひとを導くという意味での先生という尊称は、真に両氏に相応しい。必ずしも先生と呼ばれるに価しない政治家が多いなかで、両氏を「屋良先生」、「喜屋武先生」と呼ぶことにわれわれはいささかもためらわない。それほど、両先生はわれわれにとって「大きな存在」であった。

私は屋良先生に一度もお目にかかったことはない。まだ、那覇にいたころ（高校時代の昭和二十九年から三十二年まで）、復帰運動に奔走されておられたころの先生を群衆の間から垣間見たことがある。たった一度だけである。

それ以後私はアメリカに、そして東京へ移ってしまったので、屋良先生のご活躍は新聞報道で知るだけであった。昭和四十七年五月十五日、「沖縄県」誕生の瞬間を伝えるテレビの映像に写しだされた屋良先生の晴れやかな姿を、私はいまでも忘れられない。

喜屋武先生とは何度かお会いする機会があった。昭和四十六年十二月、沖縄返還協定を審議した、参議院「北方・沖縄問題特別委員会」の公述人に選ばれたとき、初めて話をした。

その後、東京沖縄県人会の会合などで二、三回会う機会があり、立ち話をしたことがある。その後しばらく間があって、昭和五十二年三月ごろ、私の高校の在京の先輩を通して、議員の仕事を手伝ってくれないかと誘われたことがある。しかし、前年暮れに行われた衆議院選で沖縄に帰り、桑江朝幸氏の選挙を手伝い敗れた悔しさもあって、政治関係の仕事はしばらくしたくなかったので、お断りした。

その後、ある会合で高校の先輩に会ったとき、喜屋武さんが一度会いたいと言っているので、場所をつくるから出てきてくれないかと言われた。しかしその時も、先輩の好意に応えることができなかった。

平成七年七月、参議院議員としての任期を終えられたのを潮に、喜屋武先生は政界を引退されて沖縄に帰られた。私も沖縄に帰ることがなく、お目にかかる機会をとうとう失ってしまった。

二月に沖縄に帰ったとき、屋良先生が亡くなられた。その告別式が行われた式場の祭壇に掲げられた遺影を仰ぎ見ながら、改めて先生の偉大さを感じた。そして七月、今度は喜屋武先生の訃報である。われわれは、偉大な先輩を二人も同時に失うことになった。

沖縄はいま厳しい現実に直面している。米軍基地の整理・縮小の問題は、解決に向けての進展は期待したほど、ない。普天間基地の移転先に予定されている名護市は、海上ヘリポート建設計画で大揺れである。建設容認・反対と市を二分しての争いは、今後ますます激化していくものと思われる。市長も判断を下すには、政治生命をかけるくらいの勇気が要るときが来るのではないか。

政治と行政の対立は、最後は行政の譲歩で片が付く。本土の例を見れば良く分かる。在沖米海兵隊の実弾演習受け入れを強硬に反対していた本土の地方自治体が、最後は政府の要請を容れる形で容認に転じたことは、それを証明している。地方自治体の長が最後に決断する条件は、「利害調整」である。地元にメリットがあれば容認、デメリットだと反対、それで決まる。「補助金」が決め手になるのだ。

一つの軍事基地を建設するためには、数百億、あるいは数千億の資金が投下される。海上基地とは言っても、一度建設されると十年や二十年で廃止されるものではないから、恒久的な施設を持つ。日本政府の、あるいは沖縄県の都合で、作ったり壊したりすることを、米軍が承知する筈はない。永久的に存在するものと考えなければならないだろう。

海上ヘリポート予定地の北部地区は、南部地区、中部地区に比べて経済的に恵まれていないと言うことで、基地建設を経済発展の起爆剤にしようとの動きがあると聞く。北部在住の人々に、この建設工事がどれ程の経済的利益をもたらすかは知らないが、「旨《おいし》いところ」はすべて本土の業者（ゼネコン）に持っていかれ、「旨味のないところ」だけ地元が請け負うことになりはしないか。後になって、そんな筈ではなかったと悔やまないためにも、将来のこともよく考えて決めてもらいたい。

沖縄県民の願いが、「基地のない平和な島」の実現を目指している以上、基地の返還とは言うものの、実際は場所を変えただけの、将来もなお存在し続けるものであるとすれば、基地の整理・縮小という「県民の願い」に反する。

屋良先生、喜屋武先生という偉大な先人が先頭にたって県民を率いて成し遂げた祖国復帰の大業を受け継いだわれわれが成すべきことは、先生方の存命中は解決できなかった、米軍基地の撤去である。

これはしかし、容易なことではない。整理・縮小でさえ困難をきわめている。撤去となると、代替をどこに求めるかという問題が出てくる。県内の移設は不可能である。ならば、日本々土への移転しかない。しかし現実問題として、それが可能なのか。米軍基地を受け入れる地方自治体は、全国何処をさがしてもないだろう。

安全保障に関する意識調査をすると、日本国民の過半数が日・米安全保障条約の必要性を認めている。したがって、在日米軍基地の存在も、現在の北東アジアの国際関係を考えると止むを得ないと容認する。それならば、在沖米軍基地の存在はどう思うかと問うと、殆どの国民は撤去するほうがよい、と答える。在日米軍基地と在沖米軍基地を分けて考えている国民の意識は、いかにも優等生の答えだ。しかし、それ以外に答えようのないのが現実である。

駐留軍用地特別措置法の改正によって、政府の、沖縄県に対する応対が大きく変わった。法改正前は、基地の本土移転だとか、県全体を自由貿易地域に指定して外国企業の進出を容易にするとか、その他いろいろ県民を喜ばせるような話を持ち込んできた。しかし法改正後はどうだ。すべては政府の主導権でことを運ぶことができるのだ。最早、沖縄県の、あるいは沖縄県民の機嫌を取ることもない。法律に従って、混乱なく処理することができる。文句を言えば、かねを渡してやればよい。いままでは、政府の、沖縄に対する態度は冷めてしまったようだ。

日本政府に頼るだけでよいのか。米国政府に上訴するだけでよいのか。日・米安全保障条約という基地の存在を義務づける「決めごと」を変えることなく、在沖米軍基地の撤去は可能なのか。安保条約を堅持するという前提であれば、基地の撤去は有り得ないことだ。撤去を求める以上、日米安保を超える安全保障政策を提言することである。いまの時期にこそ沖縄独自の発想を示すべきではないかと思うのだ。

平成九（一九九七）年五月

「沖縄独立論」を考える

沖縄独立論がいま話題になっている。

火付け役は昨年出版されて評判になった、『沖縄が独立する日』（なんくる組編）という題名の本だろう。現実の沖縄を考えると内容的には同意するところもあり、読後の感想は面白かったということに尽きる。

今年出版された、元コザ（現沖縄）市長大山朝常氏の『沖縄独立宣言』も話題を集めた。この本は著者の体験を基にしているだけに、前書とは違って読者を説得する力を持っている。沖縄中を震撼させたコザ暴動のとき、コザ市の長として行政の責任者にあって、騒動の収拾に奔走した体験談が書かれており、当時の内情を知る上で興味深い著書である。

いま何故沖縄独立問題が起こってきたのか。本土復帰二十五年経った今日でも、米軍基地に苦しむ沖縄の根本的問題は殆ど解決されていないという現実が大和世（ヤマトユー）への失望となり、独立願望となって表れたのではないかと思う。

米軍基地の整理・縮小が目に見える形で実現されていないということが問題なのだ。復帰時に日・米で合意された那覇軍港はいまだ返還の年月さえ定かでない。約束はされても実現されない約束となっている。これでは日・米両国政府に不信感を持つのは当然だろう。日本政府の対米交渉は生温い。いっそ独立して米国政府と直談判したほうが解決が早いのではないかということだ。

米国政府だって外交権を持つその国の政府代表団が来れば、真剣に基地の撤去問題を考えるのではないかと思うのである。政府対政府が本気で話し合わない限り、基地問題の解決は有り得ない。日本政府の対米交渉は頼りないと、独立論者でなくても一般県民は思っているのだ。

独立論は勿論いまに始まったことではない。昭和二十年代の後半、言論活動としてではなく、政治運動として独立運動がくり広げられていた。「琉球独立党」という政党があって、盛んに政治活動を行っていた。党首は確か仲宗根源和という人物であった。台湾に亡命政府をつくってあるという宣伝を行っていた。

そのころの政党で人気があったのは瀬長亀次郎氏の率いる「人民党」であった。そのころ盛んに行われていた夜の政談演説会で瀬長氏が演説するという話が伝わると、演説会場は満員の聴衆を集めたものである。演壇に吊された裸電球の下で熱弁をふるう弁士に聴衆は興奮し、口笛で応えたものである。米軍統治に反対する人民党でさえ、日本への復帰を主張していた。「亀さんの背中に乗って本土へ帰ろう」というのがキャッチフレーズであった。教職員を主とした知識層は日本への復帰を唱え、保守的立場の政治家や実業家は米軍が支配する現状の体制を支持していた。

復帰派と現状維持派の外に少数の人たちに支えられた独立派がいた。独立運動が大多数の住民の支持を得られなかったのは仕方のないことであった。独立論はいつの間にか萎んでしまった。

昭和三十年代に入ってからは、独立運動は姿を消してしまった。
あれから四十年以上経ったいま、独立論がまた出てきた。そのころの社会情勢と現在は全く違う。県民の意識も変わってしまった。「日本国民」となってしまった沖縄県民が「琉球独立国」を望む声は少ない。

沖縄独立は、したがって所詮夢かも知れぬ。しかし夢であるとしても、見続けてみたいと思うほど愉しい夢ではある。私たちの毎日が夢のない索漠とした生活で明け暮れているだけに、独立願望を抱くことによって気持に潤いが生まれるのであれば夢見ることも愉しい。たとえ、百年先、あるいは二百年先であっても、先人たちが活き活きと活躍していた時代を蘇らせることができれば、である。夢とはいつの時代にか実現すればよいではないか。

沖縄は、世（ユー）変わりを幾度も経験してきた。琉球王国時代は唐（中国）との関係が強かった。十七世紀初め（一六〇九年）から明治維新（一八六七年）までは薩摩藩の支配下で苦しみを味わった。廃藩置県によって琉球王国は解体され、差別された。戦後は米国の統治下で人間の尊厳を傷つけられた。そして、本土復帰である。

思い起こせば、廃藩置県によって琉球王国が解体され、沖縄県になったのが明治三十（一八九七）年、ちょうど百年前である。「沖縄県」の歴史はたった百年である。われわれは、遥か昔から「日本国民」であるような思いがあるが、百年前のわれわれの祖父母はまぎれもなく、「琉球王国の民」であった。そのことを、われわれは忘れてはならないと思う。

中国が香港を取り戻すのに百五十五年かかった。かつての「大英帝国」を相手に、自らの力を蓄えつつ、焦らず時代の到来を待った。そして遂に思いを遂げた。中国人の粘り腰に学び、われわれも足腰を強くしたいものだ。

平成九（一九九七）年五月

沖縄が仲立ち「日・米・中のリンケージ」

「特措法」成立で「沖縄問題」は終わったのか

駐留軍用地特別措置法（特措法）が四月十一日に衆議院で、四月十七日に参議院で可決され、成立した。五月十四日に使用期限が切れる沖縄の米軍基地用地の強制使用問題で、不法占拠状態を回避するために法改正に踏み切った日本政府の目的は、見事に達せられたわけだ。恐らく政府としては、「してやったり」という気持だろう。

法改正によって政府は急場をしのぎ、在日米軍の削減、基地の整理・縮小といった本質的な問題の解決は、すべて先送りするような形で沖縄は基地問題から経済振興策へと焦点が移ってしまった。国会の場で沖縄の基地問題が論じられることは、事件・事故でも起らない限り、ないだろう。先送りされた問題の解決は、恐らく遅々として進まないのではないかと懸念される。

政府はこと沖縄の基地問題については、従来から及び腰で対応してきたから、法律を改正したことで今後は法的処理で事が進められることになり、ますます県民との距離が隔たって行くのではないかと心配される。

「特措法」を改正する委員会の論戦を聞いていて、がっかりした。質問者の何と迫力のないこと。

それに対して橋本首相の丁寧な答弁だけが耳ざわりよく聞こえ、いったいこれが「日米安保」に絡む「在日米軍基地」の有り様を審議する国会なのかと、非常に失望した。この程度の審議で法改正がなされるのかと思うと、本当に遣り切れない気持だった。政府を立ち往生させるくらいの鋭い質問があるのではないかと期待していただけに、審議が終了したときには本当にがっかりした。「特措法」の国会審議に当事者である沖縄県民の意見が聞き入れられたのかは疑問だ。知事を呼び出して意見を聞くことで事を済まそうとしたかも知れないが、知事ひとりで県民の総意を述べることはできないので、もともと無理な話だ。

そんな手抜きはしないで、沖縄現地で「公聴会」をやってほしかった。いろんな階層の人から公述人を選んで、意見を聞いてほしかった。高校生・大学生・サラリーマン・主婦・戦争体験のある人・軍用地主・非地主等々、この問題では多様な意見を聞くことができた筈だ。そんな面倒なことは止めたということで、「永田町」があたふたと事を済ませてしまったのではなかったのか。

国会議員のどのぐらい人たちがこの問題の重要性を認識して賛否に加わったのだろうか。沖縄に過重な負担を強いた日本政府は、先送りした問題を解決するため責任を持って貰いたい。

「在沖米軍」の日本々土への移転は可能か

最近、橋本首相サイドから在沖米軍の削減を可能にする条件として本土への米軍の移転を実現する以外方法はない、と言った発言がなされている。発言者が、「特措法」問題で怒る沖縄県民の気持をなだめるために言ったリップサービスなのか、それとも何如なる困難があってもそれを克服して実現する不退転の決意を込めて言ったのかは知らないが、もし本気で日本政府がそう考えているとすれば、大変喜ばしいことだ。言葉だけではなく、是非行動で示してほしいものだ。

さて、在沖米軍の本土への移転は、言うは易く行うは難し、の感じが強い。と言うのは、日本々土への何処に移すのかが問題だ。新たに基地を建設することは不可能な話だから、これは有り得ないことだ。現実的に考えられるのは、既存の基地への移転だろう。と言っても、神奈川県横須賀市や長崎県佐世保市の海軍基地、山口県岩国市の海兵隊も駐留する基地は、現状以上の要員の受け入れは無理だと考えられるので、この案も除く。さて、残るのは以下の三つの基地だけ。

一、青森県三沢（みさわ）市の三沢基地
二、東京都福生（ふっさ）市の横田基地
三、神奈川県厚木（あつぎ）市の厚木基地

以上の三つの基地のある一都二県の自治体に対し、早速交渉を始めてもらいたい。「特措法」改正で肩の荷が下りたから小休止してから動きはじめると言うのであれば、先の発言者の話も、矢張りその場限りの気休めかと、県民の不信を買うことになる。

沖縄県民は、米軍が本土に移ることによって兵員が減るのであれば不本意ではあるが、賛成せざるをえない。戦後ずっと基地の重圧に苦しんできたから、それから開放され、「基地のない平和な島」に戻ることができれば、これ以上目出たい話はない。米軍機の騒音に苦しむこともなければ、米兵の事件・事故から身を守る心配をしなくてもすむことになる。沖縄県民は、心安らかな日々を過ごすことができることになる。

「喉もと過ぎれば熱さ忘れる」ことがないように、米軍の沖縄からの移転が目に見えるような形で示されることを、沖縄県民は注意深く見守っている。

首相サイドの高官の発言だから、本土移転云々の話は、相当な重みがある、とわれわれは理解している。現時点においては、当該自治体が快諾するとは思えないが、時間をかけても忍耐強く地元と話し合いをして、実現を目指してほしいものだ。その場限りの発言でなかったということを、態度で示してもらいたい。

アジア諸国は在日米軍の削減を望まない

アジア・太平洋地域に展開する米軍の十万人体制とは、主に日本・韓国に駐留する米軍のことだ。その中には、沖縄に駐留する約二万人の海兵隊も含まれている。海兵隊は六ケ月ごとに米本国にいる隊員と入れ替えを行なっているが、総員の二万人に変わりはない。沖縄県民の願いは、米軍基地の整理・縮小・撤去であるが、それらがいっこうに進展しない現状では、せめて海兵隊をいくらかでも減らしてほしい、と言っているのだ。何故二万人の隊員が常時沖縄にいなければならないのか。本国だけではなしに沖縄まで来て戦闘訓練をしなければならない理由は何か。彼らが沖縄にいることがアジア・太平洋地域の平和と安定に役立っていると本当に言えるのか。沖縄県民は問いかけている。

在日米軍の削減が話題になるたびに、いち早く反応を示すのがアジアの国々だ。

特に韓国は、自国に米軍を駐留させているだけに、大統領自ら反対意見を述べた。北朝鮮との衝突が起こった場合、在韓米軍だけでは十分ではないと考えているのか、在日米軍、特に在沖米軍の支援が得られるようにとの考えがあってのことだろう。

また、台湾その他のASEAN（東南アジア諸国連合）の国々も、程度の差はあれ在日米軍の沖縄からの撤退については反対の立場を明らかにしている。米第七艦隊が警戒を怠らない台湾が在日米軍の削減に反対するのは分かるとしても、日本から遠く離れたフィリピン、シンガポールまでが反対するのは、米軍の防衛区域から外れる不安感よりも、何か別の理由があるような気がしてならない。

考えられるのは日本だろう。米軍の減った分を日本の自衛隊がカバーするのではないかとの恐れだ。自衛隊の増強はなくても、警戒区域を広げることは可能な筈だ。自国の領空・領海・二百海里経済水域内であれば、北は北海道と北方四島の境から、南は沖縄県与那国島と台湾の境まで、日本海側は韓国、中国の境まで、現状以上の警戒体制を強化することは考えられないことではない。

理由はある。近年、中国から日本への密入国者が急増している。主として福建省から貨物船を装った船に乗って沖縄近海の島に接近し、小船に乗り換えて石垣島あたりに上陸するケースだ。住民に知られて逮捕されるのはほんのひとにぎりの密入国者で、大多数は警戒の網をくぐって、沖縄本島から空路で大阪、東京の大都会にもぐりこんでしまう。犯罪でも起こして逮捕されないかぎり、密入国者であることを知る人は誰もいない。彼らは平然として、大都会のあちこちに住んでいるのだ。

密入国者の取締りは、現在は海上保安庁が行なっているが、それでは駄目だということで、自衛隊が乗り出して来たらどうだろう。領海侵犯を理由に海上自衛隊が与那国島海域に自衛艦を派遣し、航空自衛隊が「常時パトロール区域」として台湾との国境周辺の哨戒活動を行なうことで海上保安庁の任務を肩代りしたらどうなるか。

アジアの人々は、台湾海域に日本の軍隊（アジアの人々は自衛隊は軍隊だと思っている）が出て来たと、恐怖を覚えるのではないだろうか。昔の日本軍のイメージと自衛隊がオーバーラップして、日本は軍事力を強化するのではないかと不安になってくるのではないか。

在日米軍の削減に反対するアジアの人々に、日本政府は誤解を解き、不安を解消する十分な説明をしてもらいたい。

日本政府は何故米国政府と在日米軍の削減を協議しないのか

橋本首相をはじめ政府首脳は、ことあるごとに、在日米軍の削減を米国政府に要求することはしない、と言っている。日・米の「外務・防衛実務者」レベルの協議でも、議題として話し合われたことはない、と言われている。

在沖米軍の削減を望む沖縄県民の声が、日・米両国政府に届いていない筈はない。県民を代表して、知事が日本政府、米国政府に何度も要請しているのだ。日本の一県の知事が米国に行き、政府の高官や連邦議会の議員に直接、両国の安全保障に係る重要な政策を変更させるような要請をすること自体、穏やかな行動とは言えないだろう。本来から言えば、日本政府が外交ルートを通して米国政府に協議の場を持つための申し入れを行なうことがすじと言うものではないだろうか。

日本政府はしかし、この問題はタブーと思っているのか、沖縄県民の声を聞き届けてはくれない。朝鮮半島を含む北東アジアの情勢がきわめて不安定である今日、タイミングが悪すぎると言うのだ。米国政府からその話はしないでほしいとのシグナルが出されているのかは知らないが、沖縄県民の声に耳を傾けない日本政府の態度は、頷けない、とわれわれ沖縄の人間に言われても仕方がないだろう。

朝鮮半島の将来が不透明であることは、理解できる。南・北朝鮮の和平のための話し合いが一進一退していることも、十分承知している。昨年の北朝鮮潜水艦の韓国侵入事件や、今年二月の北朝鮮労働党書記の韓国への亡命問題が起こると、折角盛り上がった和平への機運に水をさすようなことになりはしないかと、心を痛めているのは南・北朝鮮両国の国民だけではなしに、日本の国民とて同じことだ。南・北朝鮮が再び戦火を交えることがないように、日本政府は側面から支援をしてほしい。そのことが、北東アジアの緊張緩和へとつながっていくだろうからである。

在日米軍の削減は、「日・米安保条約」の根幹に係ることだけに、できるだけ避けて通りたいというのが、日本政府の本音ではないだろうか。安保論議まで入り込んでしまうと問題が大きすぎ、成り行き次第では橋本政権の土台を揺るがしかねないと、政権を支える自民党は恐れているのかも知れない。しかし、何時かは米国政府と話を始めなければならないのだ。たとえ困難な問題であっても、解決しなければならないのだ。

二十一世紀への課題I「安保条約・米軍基地・沖縄の自立」

沖縄へ旅行した人は、那覇空港から一歩外へ出た途端、日本本土とはひと味違う南国の香りを肌に感じることになる。那覇市内に向かう街並みは異国的な情緒をただよわせ、沖縄というよりオキナワと言ったほうが似合いの風景がつづく。亜熱帯特有の日差しは、日本々土とは違った季節感を感じさせ、南北に長く延びる日本列島の、ここは確かに南の国だ。

沖縄に対するイメージは、世代によってさまざまに異なる。青い空、澄んだコバルトブルーの海、海辺のリゾートホテル、プレイゾーン等々から「遊び」を思い描く若い人たち。戦争、米軍基地、米兵の犯罪等々から「戦後」を忘れないでいる年配の人たち。日本人の平均寿命を超える長寿者が全国でも一番多いため、「老後」はのんびりとした生活を沖縄でしたいと望んでいる初老の人たち。沖縄は世代を超えて、人々のさまざまな「想い」を包み込む包容力のある所なのだ。日本の一県であり、「オキナワ」ではなく「沖縄県」なのだ。

沖縄を訪れる内地の人（沖縄から見た場合、日本々土は内地であり、その人たちを「ナイチャー」or「ヤマトゥ」と呼ぶ。ちなみに自分たちのことは「ウチナンチュー」（沖縄の人）と言う）は、那覇から国道五十八号線を北へ走る車窓の外に点在する米軍基地の多さ・大きさに驚く。鉄条網に囲まれた広大な基地、滑走路に駐まる無数の戦闘機・大型輸送機、基地内を往来する米兵たち。旅行者はその時、沖縄は基地の島であることを改めて理解することになる。何故、沖縄にこれほどの基地がなければならないかという疑問を持つ筈だ。

沖縄に米軍基地が在ることによって、日本政府は米国政府に対して、「日・米安保条約」の義務を履行していると言える。だから沖縄から基地を減らすということは、その分何処かに持って行かなければならない。沖縄県内の別の場所への移設であれ日本々土への移転であれ、いずれにしろ総体としての在日米軍の兵力を維持することが日米安保の義務の履行になるわけだ。したがって、日本政府としては沖縄からの削減分を日本本土へも移さず、米本国又は基地を提供している他の国に持って行ってほしいとは、米国政府にはとても言いだせない。「日・米安保条約」は、日本と米国との両国間の条約であって、他国には関係のないことだから、日本政府が米国政府に対して、アジア・太平洋地域に展開する十万人体制を見直してほしいと要請しない限り、米国政府が「沖縄県民の願い」を汲んで、自ら進んで兵力を減らすことは有り得ない。日本政府は米国政府に、日本に米軍を駐留させることを、条約で取り決めている。それが「日・米安保条約」の日本の義務なのだ。米国政府は、「沖縄問題」は日本の内政問題だ、と言いたいのだろう。

沖縄から米軍がいなくなったら、沖縄の経済はもたないだろう、と言う意見がある。基地収入に頼らなければ沖縄経済はどん底に陥るだろうと言う。昨日まであった収入が今日から打ち切られたら、あるいは言う通りになるかも知れない。しかし、現実はそういうことにはならないから心配には及ばないだろう。

基地の跡地については、非生産的な産業である「基地業」よりも生産的で、かつより多くの人に経済的波及効果をもたらす「第三次産業」の拠点とすることができる。日本々土から、台湾・中国から、その他のアジア諸国から、欧米からも企業が進出して来る筈だ。沖縄は国際的なビジネスセンターになる可能性がある。基地あるが故に失った沖縄の産業基盤を整備するため、日本政府は「最重要施策」として取り組んでもらいたい。

日本政府は沖縄県を自由貿易地域にして、「基地経済」後の振興策を検討していると言われている。確実に歩みだせば歓迎すべきことだが、簡単には行きそうもない。税制に係ることなので、大蔵省が「一国二制度」は問題があるとして難色を示しているとのことだ。それ故、この政策が実行されるかはまだまだ不透明だ。どうやら、沖縄県が優遇（?）されることに大蔵省は不満のようだ。

沖縄県が自由貿易地域に指定されたからといって、沖縄県だけが特別に利益を得るわけではない。県民の所得が全国平均の二倍になるとか、県の財政が全国一豊かになるとかのことは絶対に有り得ない。沖縄に流入した財貨は、県内に滞留することなく、日本々土へと流出していくだろう。物事の自然の成り行きを考えれば、ある地域の振興のためだけに成されるという考えを持つことなく、将来的には日本全国に経済的利益をもたらすのだという大局的な立場から決断し、政策を進めてもらいたい。

大蔵省が反対したからこの政策が実らなかったということになれば、政治家の信念が問われるだろう。日本の政治は、官僚の考え次第によって決まるのかと疑われるだろう。政治家が確固たる信念を持って政策を遂行すれば、多少の障害は排除することができる。法律はしょせん人間がつくりだした「決めごと」でしかないのだ。良くも悪くも運用するのは、これまた人間なのだ。法制論が先行することなく、実践に踏み出してもらいたい。

沖縄県で自由貿易地域が実施されると、外国の企業が多数参加してビジネス活動が行なわれると予想されるため、台湾企業からは具体的条件を提示して、沖縄への進出を希望してきている。善は急げ、だ。「オープン・ザ・オキナワ」へ向けて、いま、日本政府は決断をしてもらいたい。

二十一世紀への課題Ⅱ「日・米・中のリンケージ」

日本と米国は、アジア諸国に対して深い関わりを持っている。

日本は「経済大国」の名の下にＯＤＡ（途上国援助）の巨額の資金をアジアの開発途上の国々

に対して有償・無償で提供している。「改革・開放」政策を進めている中国に対しても交通・通信・環境保全等々の社会資本を整備するために援助を行なっている。

米国はアジア・太平洋地域に十万人の兵員を配置しており、いわゆる「十万人体制」と呼ばれている。米国はまた日本、韓国、台湾、その他のアジアの国々と個別に安全保障条約を締結し、防衛上の義務を負っている。米軍の十万人は主に日本、韓国に駐留しており、沖縄に駐留する海兵隊約二万人も「在日米軍」に含まれている。

日本と米国は「日・米安全保障条約」を結び同盟関係にある。日本は米国に基地を提供する義務を負い、米国は日本の防衛上の責任を担っている。日本はまた、在日米軍の経常経費の七十五パーセントを負担している。「思いやり予算」と言われる防衛分担金のことだ。

アジアの国々にとって、日本は経済援助をしてくれる有難い国であり、米国は安全を保障してくれる頼りになる国である。日・米両国が現在の政策を変更することなく、アジアの平和と安定のために今後とも強い同盟関係を持ちつづけることを望んでいるわけだ。アジアの国々は日本が米国に対して、在日米軍の削減を要求することに不安の色を隠せないでいる。

特に韓国は北朝鮮と鋭く対立しており、「有事」の際には在日米軍の支援が得られるので、在日米軍、特に在沖海兵隊の削減には反対を表明している。台湾その他のアジアの国々も、在日米軍の削減には賛成できないと言っている。

アジアの国々は、中国に対して強い警戒感を持っているようだ。政治体制の違う台湾は言うに及ばず、フィリピン、かつての同盟国ベトナムも領有権を主張する南沙諸島に中国海軍が派遣されていることで、中国に対して不信感を募らせている。南シナ海に浮かぶ南沙諸島には海底油田が存在することから、中国、ベトナム、フィリピンがそれぞれ領有権を主張し、石油資源をめぐっての争いが絶えない。中国にやられてしまうのではないかとの恐れを、それぞれの国が感じているのだろう。

中国は日・米の安保体制の強化につながる動きには、敏感に反応する。日・米が定期的に行なう安保協議には中国政府の首脳が懸念を表明する。安保体制が中国封じ込めに向かうのではないかと、警戒を強めるのだ。

最近の米国は中国との関係強化に積極的に動きはじめている。今年になってから早くも二月にオルブライト国務長官、三月にゴア副大統領と、政府の高官が二人も相次いで中国を訪問した。中国政府も四月に銭其琛副首相兼外相を米国に送り、クリントン大統領と会談させている。今秋には江沢民国家主席がワシントンを訪ね、大統領との首脳会談が実現する運びとなった。来年にはクリントン大統領が中国を訪問するスケジュールが固まっている。

日本も米国に負けてはいない。九月に橋本首相は就任後初めての中国訪問を実現する。連立政権に与する三党の首脳もそれぞれ時期を異にして訪中し、中国政府首脳と会談して日・中の関係緊密化を確認しあう。

日本・米国・中国はそれぞれに相手国との関係強化に慌しく動き始めている。日本は中国との関係改善については、常に米国の後を追いかけてきた。国交正常化交渉も米国の方が先行した。その後の対中政策も米国に気兼ねして、ことごとく米国の後塵を拝して進められてきた。

二十一世紀を目前にした現在、日本は経済力では世界に存在感を示していても政治力では常に控え目な立場を守り、影の薄い存在だ。「顔が見えない日本」と世界から言われていて、国際的な舞台で主役が務められる存在になっていない。

二十一世紀には中国は強大な経済力を持つ国に成長することは間違いない。当然軍事力も強化される筈だ。常に中国を脅威と考えるアジア諸国の不安を解消するために日本が音頭をとって、米国、中国に呼びかけ、「日・米・中のリンケージ（連携）」によるアジアの平和と安定のための新しい枠組みを構築する必要がありはしないか。「日・米・中三国相互援助条約」といった新しい共同態勢でアジアの歴史、いや世界の歴史の歯車を回すことに、日本は力強く踏み出して行くべきではないか。世界に「顔が見える日本」になることがいま求められている。

「在沖米軍基地」の整理・縮小・撤去には「ものを言う日本」にならなければ、実現は難しいだろう。米国に対しても、中国に対しても、「以心伝心」の日本的意思伝達法は通用しない。二十一世紀の早い時期に沖縄の米軍基地の整理・縮小・撤去を実現するために、日本政府は沖縄を仲立ちにして「日・米・中のリンケージ」を積極的に推進してもらいたい。

平成九（一九九七）年五月

あとがき

１９９６年１２月、沖縄における米軍施設及び区域に関する特別委員会（ＳＡＣＯ）は、５～７年以内に普天間飛行場の全面返還を決めた。那覇港湾施設も返還の対象となった。ＳＡＣＯ合意から11年経った。普天間飛行場の移転先は、名護市のキャンプ・シュワブ内に決まった。政府は、米軍再編が完了する２０１４年までに代替施設を完成させ、普天間飛行場の返還を実現させると言う。２０１４年は、０７年から8年後である。

キャンプ・シュワブ内には、兵舎がある。それを別の場所に移築し、その跡地に滑走路を造り、格納庫、及びそれに付帯する施設を造らなければならない。

ところが、工事を始める前にやるべきことがある。埋蔵文化財の調査、環境影響評価（アセスメント）手続き、国の天然記念物・ジュゴンの保護対策、等など。本工事の前に、これらの作業を済まさなければならない。

政府が言う通り２０１４年に代替施設が完成し、普天間飛行場は返還されるだろうか。現状では、困難だと思われる。

沖縄には基地問題以外に、経済問題という難問題がある。経済の牽引車である製造業の比率は低く、基地及び観光産業の比率が高い。いわゆる第三次産業主体の経済構造である。基地収入は横ばい、観光収入も極端な伸びは期待できない。企業誘致も、思い通りにはいかない。経済を活性化するには、起爆剤が必要である。

本書は、沖縄タイムス、琉球新報の「論壇」に掲載されたものをまとめたものである。

普天間飛行場の代換施設は、キャンプ・シュワブではなく、勝連沖に人工島を造成し、同島に建設することを主張している。建設コストが安く、工事期間が短く、サンゴやジュゴンなどの海洋生物がいないことを、キャンプ・シュワブ内建設より利点であると論述している。

政府からの支援策がなければ、沖縄の経済は成り立たない。税収が少なく、自主財源が乏しいからである。補助金頼みの経済運営ではなく、自主財源確保の方法として、尖閣海底資源開発を提案している。

尖閣諸島と台湾、石垣島の間に推進数百メートルの海底の堆積物に石油、天然ガスが埋蔵されている可能性が高いと、国連アジア極東経済委員会（ＥＣＡＦＥ）が１９６９年５月に発表した。推定埋蔵量について、日本、中国、米国、ソ連などが発表している。調査海域が異なるため、同一数字ではないが、日本側の数字を見れば、その大きさに驚く。

尖閣諸島は、日本の領土である。と同時に石垣市の行政区域に入る。その海域に存在する海底資源は、当然のことながら、沖縄県の権益が及ぶものだ。沖縄側は、日本側にも中国側にも気兼ねすることはない。資源開発を積極的に進めるべきだ。

沖縄県の最大の利点は、海洋県であることだ。周辺海域には、石油、天然ガス、金、銀、コバルトなどの鉱物資源が膨大に埋蔵されていると、調査報告書は書いてある。石油は、日本の年間使用量の60年分だと言う。

本書の出版にあたっては、前書『尖閣海底資源は沖縄の財産』と同じく、(有)ボーダーインクの宮城正勝社長、編集を担当された新城和博氏、編集部の方々に大変お世話になりました。心からお礼申し上げます。

著者

普天間基地移設と尖閣海底資源

2007年4月20日　第一刷発行

著　者　　金城　宏幸

発行者　　宮城　正勝
発行所　㈲ボーダーインク
沖縄県那覇市与儀２２６－３
電　話　０９８-８３５-２７７７
ＦＡＸ　０９８-８３５-２８４０
http://www.borderink.com

印刷所　でいご印刷

ISBN978-4-89982-121-2